99× KÖLN

wie Sie es noch nicht kennen

Annette von Czarnowski

BRUCKMANN

Inhalt

Lindenthal

Ehrenfeld

Nippes

Chorweiler

Porz

Kalk

Mülheim

Ausflüge ins Umland

Vorwort

Gründe, ihre Stadt zu lieben, haben die Kölner genug: Den Rhein, den Dom, manchmal das Kölsch – gesprochen und getrunken –, den Karneval und auch den Klüngel.
Alteingesessene Kölner wissen längst, dass ihre Stadt noch viel mehr zu bieten hat. Aber eine Metropole, die Studenten, Kreative und junge Familien anzieht, ist ständig in Wandlung begriffen und Neues entsteht oft an Orten, wo es niemand vermutet. Wo wächst zum Beispiel der Wald der Zukunft? An welchem Büdchen bekomme ich Kunst und Schmuck statt Zigaretten und Zeitungen? In welchem Café gibt's die Katze zum Kuscheln gratis zum Kuchen? Auch wenn Sie schon lange in der Domstadt wohnen, finden Sie in diesem Buch garantiert Orte, die Sie hier nicht vermutet hätten – ein Brauhaus, in dem Sie Altbier kosten können, ist nur einer davon. Als Immi, wie die Kölner ihre Zuzügler liebevoll nennen, können Sie mit dem Buch in der Hand Ihre Erkundungstouren planen und Ihre neue Heimat jenseits von Klischees entdecken. Dazu gehört auch ein Blick auf die ernsteren Seiten Kölns, zum Beispiel, wenn Sie den Hauptbahnhof durch den Hinterausgang verlassen oder im Karnevalsmuseum etwas über die düstere Zeit des Fastelovends erfahren. Zwei Klassiker, die Flora und das Geißbockheim, stellt dieses Buch vor, weil sie frisch renoviert in neuem Glanz erstrahlen. Wenn Sie die jeweils andere Rheinseite lockt, beschreibt dieses Buch mit der Fähre Krokodil und der Südbrücke zwei der schönsten Arten, den Rhein zu überqueren. Und wenn Sie großstadtmüde sind, stellen Sie schnell fest, dass die Umgebung viel Interessantes birgt.

Viel Spaß beim Entdecken wünscht
Annette von Czarnowski

01 Kunst in der Überlebensstation Gulliver

Tritt man aus dem Hauptbahnhof auf die Domplatte, wartet Kölns Schauseite: Der Dom, schicke Cafés, Einkaufsstraßen, Touristen und Geschäftsleute. Am Hinterausgang des Bahnhofs zeigt sich in der Überlebensstation Gulliver Kölns andere Seite. Wird dort eine Kunstausstellung eröffnet, treffen sich beide Welten.

Kunst in einer Überlebensstation für Obdachlose, wo sich Menschen aufhalten, die andere Sorgen haben, als Malerei und Skulpturen zu betrachten? Letztlich bietet das Gulliver Obdachlosen das, was jeder Mensch braucht: Körperpflege, Essen, Wäsche waschen, eine Postadresse und die Nutzung moderner Medien. Kultur ist da nur ein Mosaikstein. Dennoch ist eine Vernissage im Gulliver nicht wie an jedem anderen Ort: An den Tischen des Aufenthaltsraums sitzen Menschen, die man auf Vernissagen nicht erwartet, deren Kleidung, Gesichter und Rucksäcke vom Leben abseits bürgerlicher Bahnen erzählen. Manche hören dem Redner zu, andere warten auf das Buffet, wieder andere betrachten die Bilder. Dazwischen sitzen die »Normalen«.

Elvira Reith, die die Ausstellungen als Kuratorin betreut, weiß, wie intensiv die Stammgäste die ausgestellten Werke wahrnehmen und kennt mittlerweile ihren Geschmack: »Unsere Gäste mögen farbige und figurative Bilder«, stellte sie in jahrelanger Erfahrung fest.

Wenn die Vernissage vorbei ist und der Alltag im Gulliver wieder angefangen hat, kostet es Normalbürger vielleicht erst einmal Überwindung, als Ausstellungsbesucher in den abseits gelegenen Bahnbogen hineinzuspazieren. Aber Publikum aus der »anderen« Welt ist gewünscht: »Wer Schicksale nicht nur besichtigen, sondern sich wirklich in das Thema Armut einarbeiten will, kann sich hier berühren lassen«, betont Elvira Reith.

Berührungsängste anderer Art hatten die Location-Scouts des Kölner *Tatort*: Als sie Kulissen für eine Folge im Obdachlosenmilieu suchten, war ihnen das Gulliver zu schick.

Gulliver Überlebensstation für Obdachlose · Mo–Fr 6–13, 15–22 Uhr, Sa, So 10–18 Uhr
Trankgasse 20, Hohenzollernbrücke, Bahnbogen 1 · 50667 Köln · Tel. 0221/120 60 91
www.koelnerarbeitslosenzentrum.de

Balea
MEN

02 Die Bonbonschmiede

Gesundheitsapostel und Zahnärzte bitte weitergehen – hier regiert der Zucker. In ihrer Bonbonschmiede im Herzen der Innenstadt fertigt Annabelle Deters nicht nur handgemachte Lollis und Bonbons in fantasievollen Geschmacksrichtungen, sondern lässt auch ein altes Handwerk wieder auferstehen.

Eine riesige Zuckerstange auf dem Bürgersteig ist der Eyecatcher für den poppig-bunten Laden im Schatten des Domes. Das Innere ist für viele Kunden eine Reise in die Vergangenheit: »Ältere Leute fühlen sich an ihre Kindheit erinnert«, weiß Annabelle Deters.

Vorn bietet ihre Bonbonschmiede ein sorgfältig sortiertes, farbenfrohes Sortiment von Bonbons und Lollis von klassischer Lakritz bis zu Maracuja-Curry und Melone, hinten ist die Hexenküche: Heiße Zuckermasse wird durch Glukose und Sahne geschmeidig. Das Ziehen der Masse am Zuckerhaken bringt Luft hinein und macht sie schneeweiß. Versehen mit Farben, Gewürzen und Aromen entsteht so ein »Monster-Bonbon«, das Deters zu meterlangen Rollen ausrollt und in mundgerechte Stücke portioniert.

Ein Besuch in einer dänischen Bonbonmanufaktur brachte Annabelle Deters auf den Geschmack. Als sie die dänische Manufaktur sah, wusste sie, »das kann ich auch selber«. Seit April 2013 kocht, knetet, zieht und verkauft sie bereits in der eigenen Werkstatt und betont »alles Handarbeit!« Neben Bonbons und Lollis – auf Wunsch auch Einzelanfertigungen als Geschenkartikel – gibt es Lakritzbonbons, Drops und amerikanische »Crunches« mit Sesam oder Erdnüssen. Alle Produkte sind gelatinefrei, also vegetarier-, teilweise veganertauglich. Soweit möglich verwendet Deters natürliche Aromen und verzichtet ganz auf schädliche AZO-Farbstoffe.

Last but not least hat sie damit einen alten Beruf wiederbelebt – Bonbonmanufakturen gibt es in Deutschland nach ihrer Schätzung höchstens noch 15 bis 20.

…miede · Mo–So 11–19 Uhr · Bechergasse 9–13 · 50667 Köln · Tel. 0221/96 30 39 20
…onschmiede.de · Hauptbahnhof, KVB-Bahnen 5, 16, 18, S-Bahn S 6, S 11, S 12, S 13

03

artothek – Raum für junge Kunst

Köln ist die Stadt der Kunst und des Kunsthandels. Aber Kunst auszuleihen wie in einer Bibliothek und in den eigenen vier Wänden aufzuhängen ist noch immer nicht selbstverständlich. In der artothek lässt sich in rund 1400 Originalen stöbern, die ausgeliehen werden können.

Die Aufbruchsstimmung der 68er wirkte noch nach, als in Dänemark und Skandinavien eine Idee umgesetzt wurde, die in den Zwanzigerjahren des 20. Jahrhunderts auch in Deutschland schon einmal zaghafte Gehversuche gemacht hatte: Artotheken, Kunstverleihhäuser für jedermann, sollten auch Menschen mit kleinem Geldbeutel ermöglichen, sich statt Reproduktionen und Postern Originale ins Haus zu holen. Kunst sollte demokratisch sein und zu den Menschen in die Privaträume kommen, statt in Galerien und Museen auf Bewunderer zu warten. In Köln war es der damalige Leiter der Stadtbücherei, Horst-Johannes Tümmers, der eine der ersten Artotheken als Experiment ins Leben rief. Schon 1977 kam ein Ausstellungsprogramm dazu mit mittlerweile renommierten Künstlern.

1994 wurde sie knapp vor der Schließung gerettet, seit 2008 ist sie dem Kölner Kulturamt angegliedert. Als artothek – Raum für junge Kunst residiert sie noch immer in einem spätgotischen Bürgerhaus zwischen Brauhäusern und Rheinufer. Beim Betreten des Hauptraums ist die geschwungene Galerie im 1950er-Jahre-Stil Blickfang, der Lichteinfall durch die hoch liegenden Fenster schafft eine nüchtern-geistige Atmosphäre. Die Regale enthalten rund 1400 gerahmte Kunstwerke, darunter farbenfrohe Pop-Art von Roy Lichtenstein, Kopffüßler von Horst Antes, Schiefertafeln von Joseph Beuys, Zauberhaftes von Claus Richter, Objekte und Kleinskulp-[illegible]ren. All dies kann sachgerecht verpackt für kleines Geld zehn Wochen [illegible] heimischen Wände zieren. Der Vorteil gegenüber einem Kauf liegt [illegible]: Sobald man sich sattgesehen hat, holt man sich ein neues

[illegible]ge Kunst · Di–Fr 13–19 Uhr, Sa 13–16 Uhr · Am Hof 50 · 50667 Köln
[illegible]othek · Haltestelle Dom/Hbf · KVB-5, 16, 18, S-Bahn S 6, S 11, S 12, S 13

Kolumba – Ausstellungsarchitektur als Kunst

04

Das Kunstmuseum des Erzbistums Köln ist schon wegen seiner Sammlung immer einen Besuch wert, aber noch mehr wird die Architektur selbst, die Alt und Neu zu einem eindrucksvollen Ensemble verbindet, zum Erlebnis. Wie in der Bruder-Klaus-Feldkapelle (s. 99) fordert Architekt Peter Zumthor die Besucher.

Ein Bau aus einem Guss ist das 2007 eröffnete Museum nicht, denn Zumthor integrierte die Ruinen der im Zweiten Weltkrieg zerstörten spätgotischen Kirche St. Kolumba in seinen Neubau. Innen gehört das Erdgeschoss den archäologischen Funden aus den Siebzigerjahren. Der Weg führt über einen Holzsteg, dessen gezackter Verlauf die markanten Punkte des Szenarios unter dem Steg berührt. Auf den ersten Blick läuft der Besucher über ein Wirrwarr von Gewölben und Gängen, aus denen Zumthors Betonsäulen aufragen. Reste einer römischen Villa, fränkischer, karolingischer und romanischer Bauten und einer spätgotischen Kirche wurden hier freigelegt. Der Weg führt über eineinhalb Jahrtausende Geschichte, das 20. Jahrhundert repräsentiert Gottfried Böhms Kapelle »Madonna in den Trümmern«, die Zumthor einbezog. Durch die durchbrochene Backsteinwand fällt Tageslicht, einzige Kunstlichtquellen sind Spots über markanten Fundstellen. Eine Klanginstallation spielt Geräusche von Tauben in den Ruinen ab, die der Künstler aufgezeichnet hatte. Natur und Kunst, Innen und Außen, Höhle, Kathedrale und Ruine verbinden sich nur durch sparsam eingesetzte Architektur zu einem meditativen Ensemble.

▶ Am ersten Mittwoch im Monat um 18 Uhr bietet das Museum Werkgespräche zu einzelnen Ausstellungsstücken, Eintritt inklusive.

Die Durchdringung von Innen und Außen setzt sich in den Ausst lungsräumen der Obergeschosse durch die bodentiefen Fenster mit auf die Fünfzigerjahre-Fassaden fort. Zum Verweilen lädt ein Lesez mit komfortablen Sesseln ein. Zum Hinsehen fordert die Präsenta Kunstwerke ohne Beschriftung auf.

Kolumba · Mi–Mo 12–17 Uhr · Kolumbastraße 4 · 50667 Köln · Tel. 0221
www.kolumba.de · Haltestelle Appellhofplatz, KVB-Bahn 3, 4, 1

05 »De Kölsche Boor en Iser« im Stadtmuseum

Er ist plump, er ist unübersehbar, er ist hässlich: Der »Kölsche Boor en Iser«, 1915 von dem Bildhauer Wolfgang Wallner geschaffen, sollte die Kölner – mit Erfolg – zu Spenden für die Kriegsführung motivieren. Heute gibt er im Stadtmuseum Zeugnis von der Kriegspropaganda im Ersten Weltkrieg.

Als der Erste Weltkrieg tobte, besannen sich auch die Rheinländer auf preußische Tugenden wie Pflichterfüllung und Vaterlandstreue. Sogar Willi Ostermann, der sonst eher stimmungs- und gemütvoll vom kölschen Leben sang, fand patriotische Töne: »Kölschen Boor, do ließ dich kamisöle, kölschen Boor, wat ließ do dich vernäle; dat es rääch, do kölschen Boor, halt Stand! Et jeiht för dich un för et Vaterland«, dichtete er dem martialischen Gesellen auf den Leib. »Vernäle« bedeutete, dass Spender einen Nagel in die Holzfigur einschlagen durften. Das Geld unterstützte Kriegswitwen und -waisen sowie Verwundete, für deren Versorgung die staatlichen Sozialkassen nicht ausreichten. Derartige »Nagelmänner«, »Wehrmänner« oder »Nagelsäulen« schossen ab 1915 wie Pilze aus den Böden deutscher Städte, der Kölsche Boor war jedoch der erfolgreichste: Nach einem Jahr hatten die Kölner 707 000 Mark ernagelt, 1919 waren es bereits 1,5 Millionen. Seinen Platz hatte der Boor zu aktiven …en in einem Pavillon vor dem Gürzenich. Der Innenraum des Gürzenich … 'aus der Rheinischen Heimat waren bis in die 1950er-Jahre weitere … 1984 steht er im Stadtmuseum.

▶ **Im Bistro Alte Post des benachbarten Seniorenheims Dom-Residenz lässt sich zwischen 11.30 und 14 Uhr günstig zu Mittag essen.**

… im Stadtmuseum an den Ersten Weltkrieg und die … twas verloren steht er zwischen so vielen freund… …schichte: Dazu gehören ein Ford Taunus … nkiert von Tünnes un Schäl, oder ein Ge… …ergruppe »Mülheimer Freiheit«.

…, Mi–So 10–17 Uhr · Zeughausstraße 1–3 · 50667 Köln
…useenkoeln.de/koelnisches-stadtmuseum · Haltestelle Köln
…n 5, 16, 18 oder Appellhofplatz, KVB-Bahn 3,4,5,16,18

MONOPOLY

Puppenmuseum und Puppenklinik

06

Pädagogisches Spielzeug, Gesprächspartner, Objekt für Mode-Experimente – Westeuropäerinnen begleitet noch heute eine Puppe durch die Kindheit. Zu Joyce Merlet kommen alle, die die Schätze ihrer Kindheit in fachkundige Hände geben wollen oder dem Sammlervirus verfallen sind.

»Sehen Sie sich diese Augen an!« Die Faszination, die Puppen auf Joyce Merlet immer noch ausüben, ist offensichtlich. Sie waren jahrhundertelang eher kleine Gesamtkunstwerke und Kulturdokument als schnödes Kinderspielzeug: Trugen die Frauen Korsetts, fand es auch Einzug in die Puppenkleidung. Hutschachteln und Strümpfe in Puppengröße zeugen von der Industrie, die sich rund um die Luxus-Spielobjekte entwickelte. »Mit Puppen spielten Kinder damals nur unter Aufsicht«, weiß Joyce Merlet. Kein Wunder, konnten sich doch nur wohlhabende Familien dieses Spielzeug leisten.

Ihr Laden mit integriertem Museum wirkt auf den ersten Blick liebenswert-skurril, ist aber ein professioneller Fachhandel mit Werkstatt: Morsche Puppenkörper, kaputte Augen, die Folgen früherer Pfusch-Reparaturen oder Beschädigungen nach einem Wohnungseinbruch – Joyce Merlet und ihr Team kurieren alles. Mit etwas Glück erhaschen Besucher auch einen Blick auf die präzise Handarbeit. Im hinteren Bereich des Ladens werden Puppenhaare gewaschen, Kleider geflickt und Gesichter aufgefrischt. In ihren jetzigen Beruf wuchs die gelernte Bühnenplastikerin aus Frankreich hinein, als sie nach einem Privatbesuch in Köln hängen blieb. Eine Ausbildung in einer Werkstatt in Versailles machte sie zusätzlich fit für die Reparatur von Porzellanpuppen.

Neben alten Sammlerstücken führt sie vieles, was das Kinderherz von heute begehrt: Während kleine Mädchen sich an schönen Kleidern und kunstvollen Frisuren nicht sattsehen können, erfreuen sich Jungen an den bunten Comicfiguren. Ein verliebtes Heinzelpärchen lässt last but not least auch Erwachsene schmunzeln.

Joyce Merlet Puppenklinik und Sammlerspielzeug · Mo–Fr 10–19 Uhr, Sa 10–20 Uhr
Gruppen werden um Anmeldung gebeten · Unter Goldschmied 3 · 50667 Köln · Tel. 0221/25 46 42
www.puppenklinik-koeln.de · Haltestelle Rathaus, KVB-Bahn 5

07 Lady's Toys – der Sexshop für Frauen

Vibratoren, Dildos, Massageöle – wer diskret Accessoires kaufen will, um sich mit dem/der Liebsten die Zweisamkeit zu verschönern, bestellt meist online. Trotzdem findet der kleine Laden in dem unauffälligen Seitengässchen der Gürzenichstraße seine weibliche Kundschaft. Wer Lady's Toy einmal besucht hat, weiß warum.

»In einen normalen Sexshop habe ich mich früher nie reingetraut, da waren immer Männer in Kabinen oder es liefen Pornos«, erinnert sich Regine Thoeren. Die Marktlücke war entdeckt und wurde prompt gefüllt: Seit 1995 wird ihr Ladenlokal von Frauen aller Couleur aufgesucht. Die Arbeiterwohlfahrt aus Kleve macht dorthin ebenso ihren Ausflug wie Gruppen von Schülerinnen – mit Einwilligung der Eltern. Die einladend neckisch aufgebauten bunten Vibratoren in Delfin-, Hasen- oder Kaktusform gehen durch die Hände von burschikosen Mädchen in Ökostrick und Karrierefrauen im Business-Outfit, von Zwanzig- bis Siebzigjährigen – und das ganz wörtlich. »Hier können die Kundinnen alles anfassen und in die Hand nehmen«. Dies gilt auch für die Hausbesuche, die Regine Thoeren bereits gemacht hat. Nicht nur ansehen und in die Hand nehmen ist bei Lady's Toys Programm: »Wir betreiben hier auch Aufklärung. Mit Schülerinnen spreche ich immer erst einmal über Lust, und darüber, dass sie darauf achten sollen, was ihnen selbst gefällt, ohne sich von dem Jungen unter Druck setzen zu lassen«, betont sie. »Hier stellen Frauen Fragen, die sie sonst nicht zu stellen wagen«, konnte Regine Thoeren im Laufe ihrer Ladenkarriere feststellen.

Spielzeuge wie Vibratoren sind die Hauptumsatzbringer, aber im Sortiment hat Regine Thoeren auch Reizwäsche, DVDs, Bücher und Duftkerzen mit Massagewachs. Seh-Männer haben keine Chance: Zweimal wöchentlich können Herren in weiblicher Begleitung mitstöbern – an allen anderen Tagen werden sie freundlich weggeschickt oder dürfen mit einem Kaffeegutschein im Café nebenan warten und sich von ihrer Partnerin überraschen lassen.

Lady's Toys · Mo–Fr 14–19 Uhr, Sa 11–16 Uhr · Do und Sa sind auch Männer, von Frauen begleitet, im Laden willkommen · Geyergasse/Ecke Gürzenichstraße · 50667 Köln
Tel. 0221/257 10 01 · www.ladys-toys.de

Nochmal

THE COMPLETE WORKS
THE FIRST AID MANUAL

DVD-Spielfilme
Drama
S - Z
DVD-Spielfilme
Literatur-
verfilmung
DVD-Spielfilme
Historisches
Biografie
Stummfilm
DVD-Spielfilme
Komödie
A - F

08 Kunst- und Ruheoase in der Shoppingmeile

Ein Kriegerdenkmal sollte heroischer sein – das dachten auch Zeitgenossen beim Anblick des *Schwebenden Engels*, den Ernst Barlach in den Zwanzigerjahren als Denkmal für die Toten des Ersten Weltkriegs im Güstrower Dom gefertigt hatte. Die Arme demütig gekreuzt, die Augen kontemplativ geschlossen, scheint er der Erdenschwere enthoben. Die Kette, die die Bronzeskulptur trägt, ist kaum wahrzunehmen.

So wie er zum Besinnen mahnt, so abenteuerlich ist seine Geschichte: Das Original ließen die Nazis einschmelzen. Barlachs Freunde fertigten einen Abguss, dieser erinnert seit 1952 an die Opfer des Krieges.

Antoniter Citykirche · Mo–Fr 11–19, Sa 11–17, So 11–17.30 Uhr · Schildergasse 57 · 50667 Köln
www.antonitercitykirche.de · Haltestelle Neumarkt, KVB-Bahnen 1,3,4,7,9,16,18

09 3-D-Drucker in der Stadtbibliothek

Ist der zentrale Legostein aus der Spielkiste des Jüngsten verloren gegangen? Ein unscheinbarer schwarzer Kasten im vierten Stock der Zentralbibliothek bietet die Lösung. Der »Makerbot Replicator 2«, einer der ersten öffentlichen 3-D-Drucker Deutschlands, schafft alles, was die Größe einer kleinen Kegelkugel nicht überschreitet. Aus einem Endlosfaden aus flüssigem, biologisch abbaubarem Kunststoff reproduziert er Vorlagen, vorausgesetzt, er bekommt die nötigen Daten. Ein 3-D-Scanner steht in der Bibliothek zur Verfügung. Scanner und Drucker sind Teil des neuen Angebots »Makerspace«, einem Labor mit Software, Geräten und Instrumenten für Musikaufnahmen, Podcasting und Videoschnitt.

3-D-Drucker in der Zentralbibliothek · Vorführungen Di–Fr 17 Uhr · Sa 15 Uhr werden Fragen beantwortet · Josef-Haubrich-Hof 1 · 50676 Köln · www.stbib-koeln.de
Haltestelle Neumarkt, KVB-Bahn 1,3,4,7,9,16,18

Cola, ligth
Apfelschorle
Apfelsaft
Orangensaft
Hausmarken:
Slivovitz
Lustige Sofi (süss)
EURO
Speisen
Portion Gulasch mit Brötchen und Nachschlag (nur Sauce)
EURO
Portion Sauce mit Brötchen u. Nachschlag
jedes weitere Brötchen
Gulasch in Dosen
Große Dose
Halbe Dose
Große Dose
Rindfleisch

10

Pusztahütte

Thai-Curry, China-Imbiss, Sushi, Gyros, Döner, Falafel – wer Internationales sucht, hat die Qual der Wahl. Beständigkeit im Wechsel der Fast-Food-Moden bietet die Pusztahütte. Sie entführt in eine Zeit, als ein wenig scharfes Gewürz noch der Gipfel exotischer Küche war: Seit 1948 gibt es hier ausschließlich Gulasch.

Scharfe Suppe und salziger Schweiß ehrlicher Arbeit – diese Gerüche empfangen Hungrige, die das Lokal in einer Seitenstraße des Neumarkts betreten. »Nichtraucherzone« verkündet ein Schild aus dem vergangenen Jahrhundert, die Wandmalereien zeigen Ungarn-Klischees in Reinkultur: Zigeunerinnen und Hirten in wallenden Gewändern. Dass der Csikos – passend zum Werbeslogan »Unser Gulasch hebt den ältesten Jahrgang aufs Fahrrad« – ein Stahlross reitet, stört da nicht weiter. Die Suppe kommt in spartanischen Blechtellern. Kurz und gut: Wer in einem Designertempel essen möchte, sollte jetzt wechseln.

▶ Das Gulasch gibt es auch in Dosen für die heimische Küche. Wer eigene Töpfe mitbringt, erhält doppelten Nachschlag, ebenso Käufer eines Zehn-Liter-Eimers.

Das einzige Gericht des Hauses lässt Besucher jedoch immer wiederkommen: Scharfes Gulasch ohne Schnickschnack. Serviert wird klassische ungarische Gulaschsuppe mit Paprikapulver und Fleisch, während Deutsche eher eine Form von Gulasch kennen, die in Ungarn Pörkölt heißt. Das Publikum – 95 Prozent Stammkunden, weiß der heutige Wirt Nikolaus Sardis – besteht je nach Tageszeit aus Studenten, Shoppern, die sich vom Trubel der Schildergasse erholen, oder Menschen, die einfach deftig essen wollen.

Wenn die Entstehungslegende nicht wahr ist, dann ist sie gut erfunden: Als Kriegsgefangener merkte sich Pusztahütten-Gründer Max Lippert das Rezept einer ungarischen Bäuerin. Wieder daheim, zimmerte er 1948 eine einfache Holzhütte, um sein Gulasch zu verkaufen. Der Absatz wuchs so schnell, dass Lipperts Pusztahütte in ihr heutiges Domizil zog.

Pusztahütte · Mo–Sa 10–20 Uhr · Fleischmengergasse 57 · 50676 Köln · Tel. 0221/23 94 71
www.pusztahuette.de · Haltestelle Neumarkt, KVB-Bahn 1, 3, 4, 7, 9, 16, 18

Gamelan-Orchester – Orff auf indonesisch

11

Musikinstrumente als Museumsstücke? Eigentlich sind die rund hundert Jahre alten Instrumente des Gamelan-Orchesters im Rautenstrauch-Joest-Museum schon optisch eindrucksvoll genug. Einmal monatlich, auf Anfrage auch öfter, kann man sie unter professioneller Anleitung auch erklingen lassen.

»Kinder stürzen sich zuerst auf die großen Gongs«, weiß Hartmut Zänder. Aber auch Senioren im Rollstuhl leben an dem rund 50 Instrumente starken Orchester auf, sogar Gehörlose nehmen Schwingungen wahr. Ob es die kleinen »Bonangs« sind, die an Gewichte einer Waage erinnern, oder die größeren »Kenongs«, kleine Kesselgongs, die Felltrommel »Bedhuk« oder die riesigen Bronzegongs – bei ihrem Anblick juckt es einfach in den Fingern, sie auszuprobieren.

Obwohl dem Orchester im Rautenstrauch-Joest-Museum ein eigener Raum mit Bühne und Zuschauerraum reserviert ist, wirken die eindrucksvollen Instrumente immer noch beinahe »eingesperrt«. Kein Wunder, denn traditionell werden Gamelan-Orchester im Freien gespielt. »Die Obertöne«, erläutert Zänder, »entfalten sich oft erst in 300 Metern Höhe.«

Der Reiz des Orchesters liegt darin, dass auch Menschen, die sonst nie ein Instrument spielen, die Gongs, Trommeln und Xylophone zum Klingen bringen können. Ähnlich wie beim deutschen Orff-Orchester ist keine ausgefeilte Technik nötig. Aber damit eine musikalische Einheit entsteht, damit Wechsel in Tempo, Lautstärke und Rhythmus so scheinbar mühelos geschehen, müssen alle Spieler aufeinander hören. Gamelan-Musik ist einfach Teil einer Gemeinschaft, nicht etwas, was im Konzertsaal zelebriert wird. Auch quirlige Schulkinder machen beim Spielen diese Erfahrung, die Zänder von seinen Indonesien-Reisen mitbrachte. Gerade ihre Verbindung von Einfachheit und Komplexität macht die Faszination der Gamelan-Musik aus. Das Gamelan-Orchester des Rautenstrauch-Joest-Museums stammt aus Java und wurde 1998 bei Sotheby's in London erworben.

Gamelan-Schnupperkurse · 1. Di im Monat 17.30–19.30 Uhr, Rautenstrauch-Joest-Museum
Cäcilienstraße 29–33 · 50667 Köln – Tel. 0221/22 13 13 56 · www.museenkoeln.de
Haltestelle Neumarkt, KVB-Bahnen 1, 3, 4, 7, 9, 16, 18, Bus 136, 146

12 Kunst ohne Elfenbeinturm – Ausstellungsraum Glasmoog

Medienstadt und Filmstadt sind nur zwei der vielen Etiketten, die an Köln haften. Dass Köln neben vielen privaten Akademien bereits seit 1990 eine staatliche Kunsthochschule für Medien beherbergt, ist in der Öffentlichkeit weniger präsent. Dabei bietet nicht nur der Ausstellungsraum Glasmoog viele Gelegenheiten, Kultur zu erleben.

Die Glaserei Glas Moog, die früher in den Galerieräumen neben den Hochschulbauten ihren Firmensitz hatte, gab dem Ausstellungsraum den Namen. Wie das ganze Viertel, erkennbar an Straßennamen wie Filzengraben, war dieser Standort einst von Gewerbe und Handwerk geprägt. Ebenso wie die Hochschule mediales Handwerk und künstlerischen Anspruch verbinden will, präsentiert Glasmoog Versuche, künstlerische Positionen vom Kopf auf die Füße zu stellen. Ob eine türkische Filmemacherin Veränderungen in einem Istanbuler Stadtteil darstellt oder junge Videokünstler die Rolle der Malerei in ihren Filmen verarbeiten – »gesellschaftlich relevante Themen sollten es schon sein«, betont die Kuratorin Heike Ander. Neben Ausstellungen bietet Glasmoog der internationalen Reihe »Crypto Party« einen Standort. Hier vermitteln junge Computerfreaks Wissenswertes rund um Datenschutz und Anonymität im Netz.

▶ Ähnlich wie die Düsseldorfer Kunstakademie im Februar veranstaltet auch die KHM einen jährlichen Rundgang, dieser findet im Juli statt.

Filmfans können in der Aula eintrittsfrei die Reihe »Best of KHM« besuchen, die herausragende Abschlussfilme von Studenten präsentiert. Jeder Filmabend könnte eine Gelegenheit sein, große Namen von morgen erstmals auf der Leinwand zu sehen, denn immerhin befanden sich unter den Absolventen Regisseure wie Hans Weingartner (*Die fetten Jahre sind vorbei*) und Lars Büchel (*Erbsen auf halb sechs*). Liebhaber der Musik abseits vom Mainstream finden eine Anlaufstelle im »Klanglabor«, in dem Professor Anthony Moore internationale Musiker präsentiert.

Kunsthochschule für Medien und Ausstellungsraum Glasmoog Raum für Kunst und Diskurs
Peter-Welter-Platz 2/Filzengraben 2a · 50676 Köln · Tel. 0221/20 18 92 13 (Glasmoog)
www.khm.de · Haltestelle Heumarkt, KVB-Bahn 1, 7, 9

MEHL

Das Blaue Haus – Kölns kleinstes Puppentheater

13

Hein Blöd, Käpt'n Blaubär und die Figuren aus der Sesamstraße kennt fast jedes Kind. Dass der Mensch hinter den Handpuppen in Köln auch sein eigenes Theater hat, ist weniger bekannt. Im Blauen Haus baut Andreas Förster seine Puppen selber und macht Puppentheater für Kinder im Alter von drei bis sechs Jahren.

Wie viele Kindertheater bestehen aus einem nüchternen Mehrzweckraum mit Holzbänken, in denen gerade mal (Kasperl-)Bühne und Vorhang zeigen, dass es ein Theater ist? Auf Holzbänken sitzen Groß und Klein im Blauen Haus, dem ehemaligen Ladenlokal einer Reinigung, auch. Allerdings sind Bänke und Wände liebevoll mit rotem Plüsch und Spiegeln verkleidet, von der himmelblauen Decke baumelt ein Kronleuchter – Theaternostalgie für die, die gerade ihre ersten Erfahrungen mit dem Theater machen. Mit der heimeligen Einrichtung und rund 35 Plätzen ist es eigentlich eher ein großes Wohnzimmer.

Los geht es, wenn der »Blaue Klaus«, Andreas Försters Stamm-Puppe, die Kinder begrüßt. Märchen wie *Hans im Glück* oder *Rotkäppchen* stehen auf dem Spielplan, am liebsten aber Försters Eigenkreationen, die Bären Wuschel und Borstel. Um menschliche Themen wie Freundschaft drehen sich ihre Abenteuer, bei Märchen zählt das Original. »Wir bleiben eng an der Vorlage«, betont Förster. Dass die Stücke für Kinder ab drei Jahren geeignet sind, ist oberstes Gebot für den Profi. Böse Figuren wie der Wolf oder Hexen werden deshalb vorsichtig eingeführt, haben aber ihren Platz: »Die Kinder sehen, dass der Wolf das Rotkäppchen verschluckt, aber die Geschichte trotzdem gut endet«. Darüber hinaus spielt Förster, der auch Hein Blöd im *Käpt'n Blaubär* und den Puppen der *Sesamstraße* Leben einhaucht, Stücke für alle Anlässe: Geburtstagskinder feiern mit *Borstel und Wuschel*, Ostern hüpft *Hans der Hase* über die Bühne.

▶ **In der Eisdiele Gea von Flavia Turzi zwei Häuser weiter gibt es zum stolzen Preis ausgefallene Eiskombinationen wie Zitronen-Minze oder Erdbeer-Balsamico.**

Puppentheater im Blauen Haus · Severinstraße 120 · 50678 Köln · Tel. 0221/471 32 39
www.blaues-haus.biz · Haltestelle Severinstraße, KVB-Bahn 3, 4

14 Odeon-Kino mit Kölscher Matinee

Das Kinosterben greift in den deutschen Großstädten um sich. Aber auch in Köln haben sich einige Oasen des Stadtteilkinos erhalten, in dem es zwar keine Hightech-Ausstattung gibt, aber dafür Atmosphäre, ein unverwechselbares Gesicht und ein Programm, das sich manchmal auf Pfade abseits vom Mainstream wagt.

Heinrich Pachl und Trude Herr waren Urgesteine der Südstadt, einem Viertel, das schon in den Achtzigerjahren das erlebte, was heute als »Gentrifizierung« auch durch Ehrenfeld, Kalk und Mülheim geistert. Protagonist ironischer Dokumentationen dazu war der 2012 verstorbene Kabarettist Pachl in zwei Filmen der Achtzigerjahre, *Südstadt in Aspik und Homo Blech*. Gelegenheit, diese und weitere Filmdokumente gemeinsam mit Gleichgesinnten in Breitwand zu erleben, bietet die »Kölsche Filmmatinee« einmal monatlich sonntags in diesem Kinobau der Fünfzigerjahre.

Nach Fünfzigerjahre-Schinken klingt das zweite Special im Odeon, das »Seniorenkino«, an jedem zweiten Mittwochnachmittag im Monat. Stattdessen läuft dort, zu ermäßigtem Eintritt, Aktuelles wie *Nachtzug nach Lissabon* oder *One Chance – einmal im Leben*, gelegentlich sogar als Preview.

In der »Kölschen Filmmatinee« gibt es auf der Leinwand gelegentlich ein Wiedersehen mit der 1991 verstorbenen Trude Herr, die dem Kino eng verbunden war. Nach dem Kinosterben der Siebzigerjahre eröffnete die Volksschauspielerin dort 1977 ihr Theater im Vringsveedel, das trotz guten Besuchs finanziell nicht über die Runden kam. 1987 folgte die Wiederaufnahme des Kinobetriebs, 2001 drohte dem Haus wieder die Schließung, obwohl rund 25 000 Kölner ihre Unterschrift für seinen Erhalt abgaben. Seit 2002 ist es wieder ein eigenständiges Kino, das nicht nur Südstädtler nicht mehr missen mögen. Über das Filmprogramm hinaus finden dort Lesungen und Vorträge statt. Die Initialzündung dazu war 2002 eine Lesung des – laut Geschäftsführer Jürgen Lütz – sturzbetrunkenen Michel Houellebecq.

Odeon-Kino · Severinstraße 81 · 50678 Köln · Tel. 0221/283 42 99 (Büro), 0221/31 31 10 (Karten)
www.odeon-koeln.de · Haltestelle Severinstraße · KVB-Bahn 3, 4

KÖLSCHE
FILMMATINÉE
ODEON
Das Südstadt-Kino
Dieter Oeckl
Scheidung auf Kölsch
Trude Herr zum Geburtstag am
Sonntag, 4. Mai um 11:30
€ 6,50
Kartenvorverkauf an der Kinokasse
Odeon, Severinstrasse 81, 50678 Köln
Telefon 0221 313110

BUBBLE GUM

Papegöje
Papegöje
Herkunft: Dänemark
Hersteller: Toms
Info: Erdbeere
Tiger
Tiger
Herkunft: Dänemark
Hersteller: Toms
Info: Banane

15

Eine Apotheke für das »Schwarze Gold«

Lakritz hat in Deutschland eine kleine, aber begeisterte Fangemeinde. Die Auswahl an der altmodischen Süßigkeit ist in Deutschland vergleichsweise gering, aber wer die Bärendreck-Apotheke in der Richard-Wagner-Straße betritt, findet dort vom »Mädchenpech« bis zum »Salmi-Lolli« alles, was das »Schwarze Gold« zu bieten hat.

Im Verkehrstrubel zwischen Rudolfplatz und Aachener Straße übersieht man das kleine, von außen im schwarz-goldenen Nostalgielook gehaltene Ladenlokal leicht. Wer es gefunden hat, den empfängt ein süßlich-würziger Duft von rund 600 Lakritzsorten aus Skandinavien, den Niederlanden und Südeuropa.

Die Erinnerung an Kindheitsschleckereien brachte Sascha Eversberg und Marie Nicole di Renzo auf ihre Geschäftsidee. Auf Urlaubsreisen in Dänemark und den Niederlanden deckten sie sich gerne und reichlich mit der herb-süßen Nascherei ein, die in Nordeuropa in größerer Auswahl zu haben ist als in Deutschland. »Was uns schmeckt, könnte noch mehr Leute begeistern« – diese Erkenntnis machte sie von Studenten zu Jungunternehmern und ihren kleinen Internetversand zum Fachgeschäft.

Die Kundschaft ist so vielfältig wie das Produkt aus der Süßholzwurzel. Angestellte im Yuppie-Outfit versüßen sich die Mittagspause, Gelegenheitsshopper suchen ein originelles Geschenk, Studenten stellen sich ihren Party-Mix zusammen, und begeisterte Stammkunden aus dem Kölner Umland scheuen auch weite Wege nicht. Das Sortiment ist international: Liquirizia, Drop, Liquorice oder einfach Lakritz in edlem Schwarz oder schrillem Rosa-Gelb, als Lutscher oder Kaubonbon, als weiße »Schulkreide« oder braune Karamell-Sticks. »Herrenpech« heißt ein Lakritzlikör, die süßere Variante steht als »Mädchenpech« im Regal. Spezialitäten aus den Nachbarländern sind originalverpackt zu finden. Wer sich nicht sofort entscheiden will, kann sich auch in den Schobern sein Tütchen nach eigenem Geschmack zusammenstellen.

Bärendreck-Apotheke · Di–Fr 12–18.30, Sa 12–16.30 Uhr · Richard-Wagner-Straße 1 · 50674 Köln
Tel. 0221/355 99 54 · www.baerendreck-apotheke.de · Rudolfplatz, KVB-Bahn 1, 7

16 Trutzburg gegen die Gentrifizierung

Ein Viertel, das noch von seinen Bewohnern gestaltet wird, ein Platz, der zwar abends belebt, aber nicht zur Open-Air-Party-Location à la Brüsseler Platz ausgeufert ist – der Rathenauplatz im Schatten der Synagoge lockt Besucher aller Art an, die dort Sonne, Grün und entspannte Atmosphäre genießen wollen.

Sie sind aus dem Feierabendleben des Rathenauplatzes nicht mehr wegzudenken: Allabendlich schiebt ein Grüppchen Boulespieler mittleren bis höheren Alters im Schatten der Bäume eine ruhige Kugel. Der Bolzplatz für Jugendliche und ältere Kinder ist im dichten Grün kaum wahrzunehmen. Ihre kleinen Geschwister toben sich auf dem Spielplatz im Norden des Platzes aus, wo ihre Eltern sie ohne Stress im Auge behalten können. Möglich macht dies ein Biergarten, betrieben von einer Nachbarschaftsinitiative. Nicht nur Exilberliner können hier neben Milchkaffee eine »Weiße mit Schuss« schlürfen. Ausnahmepreise gibt es hier nicht, aber die Gewissheit, dass das Geld ein Nachbarschaftsprojekt unterstützt. Lektüre für den Biergarten bietet ein öffentlicher Bücherschrank neben dem Biergartenpavillon. Alles in allem ein entspanntes Fleckchen für alle Generationen, nur einen Steinwurf von den studentischen Ausgehmeilen entfernt. Baugerüste an den umgebenden Jugendstil- und Gründerzeitbauten mahnen, dass dies vielleicht nicht mehr lange so bleibt: Der Kampf gegen Luxussanierungen ist eines der Ziele der Nachbarschaftsinitiative.

▶ **Führungen durch die Synagoge können bei der Synagogen-Gemeinde, Tel. 0221/71 66 20, gebucht werden.**

An die dunkle Vergangenheit des Platzes erinnern die »Stolpersteine« in den Bürgersteigen, denn rund um die 1899 eingeweihte Synagoge lag einmal ein Zentrum jüdischen Lebens. Der neuromanische Bau brannte bei den Novemberpogromen 1938 aus. 1959 feierte Kölns jüdische Gemeinde die Wiedereröffnung, heute befindet sich dort wieder ein Gemeindezentrum mit koscherem Restaurant, Jugendzentrum und Krabbelgruppe.

Rathenauplatz und Alte Synagoge · Alte Synagoge: Roonstraße 50 · 50674 Köln
www.rathenauplatz.de · www.sgk.de · Haltestelle Zülpicher Platz, KVB-Bahn 1, 9, 12, 15

www.rathenauplatz.de

ASTRONOMIA

Bodenmosaik im Kölner Dom

17

Das Gero-Kreuz und der Dreikönigsschrein sind die Magneten des Kölner Doms. Über das flächenmäßig größte Kunstwerk gehen alle Besucher wortwörtlich hinweg: Das Bodenmosaik in Chor und Vierung nach Entwürfen August von Essenweins, ausgeführt und vollendet 1899 von Fritz Geiges. Auf 1350 Quadratmetern zeigt es die christliche Gedankenwelt. Das Vierungsmosaik verdeckt heute ein Podest, es zeigt Elemente und Himmelsrichtungen mit Robben als Symbol des Nordens und Gürteltieren für den Süden. Ein Anachronismus ist die Darstellung der Sonne als Mittelpunkt des Kosmos: Essenwein war eben ein Mensch des 19. Jahrhunderts.

Kölner Dom · November–April 6–19.30, Mai–Oktober 6–21 Uhr · Am Domkloster 4 · 50667 Köln
www.koelner-dom.de · Haltestelle Dom/Hbf, KVB-Bahnen 5, 16, 18, S-Bahn S 6, S 11, S 12, S 13

»Art und Amen« – (Film-)Kunst in St. Michael

18

Beim Stichwort »Brüsseler Platz« denken Kölner vor allem an den Streit zwischen Nachtschwärmern, die dort an Sommerabenden beim Kiosk-Bier abhängen, und genervten Anwohnern. Die gewaltige neuromanische Kirche St. Michael gerät da schnell ins Hintertreffen. Dabei bietet Kölns drittgrößte Kirche seit 2010 einen zusätzlichen Grund, den Platz aufzusuchen. Kirchengemeinde, Künstler, Anwohner und Gastronomen taten sich damals zur Initiative »Art und Amen« zusammen und machten den Kult- zum Kulturraum. Wechselnde Licht- und Klanginstallationen beleben seitdem den Kirchenraum, Nachwuchsmusiker konzertieren, und der erste Freitagabend im Monat gehört – eintrittsfrei – dem Kurzfilm.

Kirche St. Michael · Brüsseler Platz · www.artundamen.de · Haltestelle Moltkestraße KVB-Bahn 1, 7 oder Friesenplatz, KVB-Bahn 3, 4, 12, 15

19

Garten der Religionen

Zu Kölns angesagtesten Orten zählt die Stolzestraße kaum. Kaum hat man auf der Luxemburger Straße die Bahnunterführung Richtung Klettenberg passiert, wandelt sich ihr Charakter von Zentrum zu Vorstadt, werden Orte mit Aufenthaltswert schlagartig rar.

Die abzweigende Stolzestraße mit Autohandel und Obdachlosenunterkunft lässt erst recht nicht vermuten, dass sich hier eine kleine Oase befinden könnte. Dies ändert sich erst, wenn man das Tor des Bildungsträgers In Via durchschreitet. Ein liebevoll begrünter Innenhof – so scheint es auf den ersten Blick. Auf den zweiten Blick fallen die Symbole auf: Ein Halbmond für den Islam, ein Davidsstern für das Judentum, das Rad der Lehre für den Buddhismus. Der Kuesplatz mit konzentrisch angeordneten Kreisen lädt ein, das Globusspiel des Nikolaus von Kues auszuprobieren. Dabei muss eine halb ausgehöhlte Kugel in die Mitte gerollt werden – ein fast unmögliches Unterfangen – sinnbildlich für die Suche nach der eigenen Mitte. In der Sonnenuhr können sich Besucher wiederum als menschliche Zeiger in die Mitte stellen, um die Zeit abzulesen. Kreisförmig angeordnete Podeste bilden einen Platz des Dialogs, an den Rändern laden ein Brunnen und eine Laube zum Verweilen ein. Kräuter und Obstbäume tragen Geschmack und Düfte bei, eine Glocke dürfen Besucher selbstständig erklingen lassen, um das Entstehen und Vergehen des Klangs zu erleben.

2011 erhielt der Garten des Jesuitenklosters, in dessen Gebäude In Via seit 1999 untergebracht ist, seine neue Gestalt als Garten der Religionen. Ein Ort der Spiritualität, vor allem aber der Akzeptanz, sollte er sein, schließlich stammen auch die Schüler von In Via aus den unterschiedlichsten Kulturkreisen und Religionen. Auch jenseits von Spiritualität und Multikulturalität, von Symbolen und Sinnbildern lässt sich der Garten einfach als grüne Oase und Ort des Verweilens erleben. Das ehemalige Refektorium des Klosters ist heute Café und Kantine, die auch Besuchern offen steht.

In Via · Garten der Religionen · Öffnungszeiten Mo–Fr 8–18 Uhr · Führungen nach Absprache
Stolzestraße 1a · 50674 Köln · Tel. 0221/47 28 711 · www.garten-der-religionen-koeln.de

WIRTZHAUS
ATELIER
THEATER

Spätvorstellung mit Witz – Comedy im Wirtz-Haus

20

Ihr Atelier-Theater führt Rosa K. Wirtz seit Jahren dank engagierter Ehrenamtler, eines Fördervereins und eines renommierten Programms mit Kabarett und Improvisationstheater. Spaß zu später Stunde fast ohne Geld bietet das Atelier-Café, vor drei Jahren wiedereröffnet als Wirtz-Haus, mit seiner Gratis-Comedy.

Das samstagabendliche Fernsehprogramm ist öde wie immer, die Kneipentour ist auch nicht viel interessanter? Die Disco ist voll, der Geldbeutel leer? Nichts mehr zu verlieren? Letzte Ausfahrt vor dem endgültigen Reinfall des Abends bietet vielleicht ein kleines schummriges Lokal im Schatten der Synagoge.

Tuchfühlung mit Künstlern und Sitznachbarn sollte niemand scheuen, der sich in die intime Location mit Lounge-Sesseln und magentafarbenen Tischplatten verirrt, schließlich kann es hier schon einmal richtig eng werden. Überraschungen sollte man ebenso einplanen, denn wie der Abend ausgeht, steht nicht fest: Vielleicht sind die Bemühungen des Comedians, sein Publikum zum Lachen zu bringen, komischer als seine Witze, vielleicht rockt aber auch gerade der neue Stern der Comedyszene die kleine Eckbühne. Gibt vielleicht gar ein neuer Helge Schneider oder Dirk Bach hier sein Debüt? Hier sind Jungstars und -sternchen zu finden, aber auch Talente, die bereits anerkannt sind. Bei bestandener Bewährungsprobe im Wirtz-Haus, das sich im klammen Kölner Kulturfahrwasser wacker hält, stehen sie vielleicht im nächsten Jahr auf der großen Bühne – aber dann nicht mehr gratis.

Zu weniger später Stunde ist das Wirtz-Haus einfach ein gemütliches Café, bei dem sich montags und dienstags die Fans von Doppelkopf und anderen Gesellschaftsspielen treffen. Die Apfelschorle, in der Kölner Gastronomie nicht selbstverständlich, enthält naturtrüben Apfelsaft, unter den Snacks finden sich vegane Gemüsetartes – und die Chefin des Hauses steht manchmal persönlich an der Bar.

Wirtz-Haus im Atelier-Theater · Mo–Sa 18–1 Uhr · Gratis-Comedy Mi–Sa ab 22 Uhr
Roonstraße 78 · 50674 Köln · Tel. 0221/24 13 41 (Büro) · www.ateliertheater.de
Haltestelle Zülpicher Platz · KVB-Bahn 12, 15, 9

21 Von Mickymaus bis Memphis

Hippe Läden, gewagte Mode und ausgefallenes Design sind im Belgischen Viertel an jeder Ecke zu finden. Jung, kreativ, individuell gibt sich die Ladenszene, mittendrin sticht ein Schaufenster heraus: Georg Franta bietet bereits seit 1989 Klassiker modernen Designs von den Fünfzigerjahren bis heute zum Kauf oder als Requisite an.

Woher stammt der Ball Chair oder Kugelsessel aus den Sechzigerjahren von der letzten Motto-Party? Woher die Telefonzelle aus der Fünfzigerjahre-Nostalgie-Revue im Fernsehen? Vielleicht aus dem Laden von Georg Franta? Denn in seinem Ladenlokal zwischen Parkhaus und Szenelokalen gibt es ausschließlich Originale.

Im Schaufenster springen einem zuerst die schrillen Neon-Schriftzüge und ein poppiger Getränkeautomat ins Auge. Im Inneren wartet auf fachkundige Besucher ein Streifzug durch das Design der letzten sechzig Jahre: Da stehen die Jukeboxen der Vierziger- und Fünfzigerjahre neben den quietschbunten Möbeln der Memphis-Designer aus den Achtzigern. Grundsätzlich haben die Werke dieser Gruppe, die unter dem Motto »Form follows fun« gegen den Funktionalismus rebellierten, in Georg Frantas Laden Asyl gefunden. Laien erfreuen sich an nostalgischen Objekten wie Uncle-Sam-Skulpturen, Micky-Maus-Telefonen und Email-Reklameschildern. Für Kinder gibt es die bunten Flip-for-Kids-Allzweckobjekte, ältere Jahrgänge erinnern Kofferradios, Plattenspieler und die Mick-Jagger-Zunge als Neon-Objekt an ihre Jugend.

▶ In der Maastrichter Straße 24, bietet »Pop up Papier« in der Buchbinderei Edmund Schaefer Do–Sa 11–18 Uhr Schönes und Individuelles aus Pappe und Papier, von Mappen über Briefpapier bis zum Abreißblock.

Wer sich die Originale nicht leisten kann, für den vermietet Franta Requisiten für Filme und Events. Wer mit ihm ins Geschäft kommt, kann seine Partygäste mit einer lebensgroßen Superheldenfigur oder einem Hau-den-Lukas aus den Fünfzigerjahren unterhalten.

Franta Objekte & Design · Mo–Fr 10–19 Uhr, Sa 10–16 Uhr · Maastrichter Straße 18 · 50672 Köln
Tel. 0221/52 88 55 · www.franta.de · Haltestelle Friesenplatz, KVB-Bahn 3, 4, 12, 15 oder Rudolfplatz, KVB-Bahn 1, 7, 12, 15

Kölsch

STEREO
ABCDEFGHJK
1234567890

IST EINE
BAND-
SCHEIBE
JOHN DOYLE
Bademeister
Schaluppke
10 Jahre
unterm
Zehner
Das Jubiläumsprogramm
1.02. +21.+22.03.+11.04.

Wo die Comedy salonfähig wurde

22

Im Ersten Kölner Wohnzimmertheater traf sich schon vor zweieinhalb Jahrzehnten die noch junge deutsche Comedyszene. Auch heute ist es für Comedyfans die Adresse, um alte Hasen und Nachwuchscomedians in fast privatem Rahmen zu erleben. Auch der Theatergründer steht noch regelmäßig auf der Bühne.

Hirschköpfe und wuchtige Bilderrahmen suggerieren Wohnzimmergemütlichkeit, ebenso wie kitschige alte Drucke mit Heiligenkonterfeis, Armleuchter und Tütenlampen. Wer die Gemütlichkeit beim Theaterabend fortsetzen will, kann gegen Aufpreis einen Sessel statt eines Stuhls buchen. Das Wohnzimmertheater bemüht sich noch heute, seinem Namen alle Ehre zu machen.

Georg Schnitzler und Marek Pawleta sind noch übrig von der ehemaligen Fünfer-Wohngemeinschaft, in der das Theater 1995 seinen Anfang nahm. Nach nur einem Jahr reichte das private Domizil für die Theatervorführungen nicht mehr aus, und Kölns Erstes Wohnzimmertheater bezog seine heutigen Räume. Der Wohnzimmercharakter ist geblieben, auch wenn aus den WG-Mitgliedern und ihren Freunden von damals einige heute renommierte Comedians wie Gregor Mönter und Tina Teubner hervorgegangen sind, die dort auch noch die Bretter bespielen. Sogar Träger des renommierten Prix Pantheon finden sich unter den Stammcomedians. »Wir haben damals einfach zur richtigen Zeit am richtigen Ort das Richtige gemacht«, erinnert sich Schnitzler. Mit Ismail Fischmord und Stefan Reusch trägt er als »Ableser« am ersten Mittwoch des Monats Selbstverfasstes vor. Ein weiterer Dauerbrenner ist die wöchentliche »All Stars Comedy Show«, bei der die Besucher die Komiker aus TV-Formaten wie »Night Wash« erleben. Auch Künstler des »Quatsch Comedy Club« sind regelmäßig dabei.

▶ **Für eine Stärkung vorher bietet sich das Café Westflügel (Weidengasse 56) an. Das Theater ist von dort auf einem Spaziergang durch den Klingelpützpark zu erreichen.**

Erstes Kölner Wohnzimmertheater · Probsteigasse 21 · 50670 Köln · Tel. 0221/130 07 07
www.wohnzimmertheater.de · Haltestelle Christophstraße/Mediapark · KVB-Bahn 12, 15

23 Tanz für die Ewigkeit

Kann man eine dynamische Kunst wie den Tanz in Archiven lagern, in Museen konservieren, in Bilderrahmen ausstellen? Auch wenn es im Tanzarchiv und Tanzmuseum keine Tanzaufführungen gibt, zeigen die Fotos, Videos, Grafiken und Dokumente dort, was vom Tanz bleibt, nachdem der Vorhang gefallen ist.

Wann entwickelte sich das Ballett, wie wir es heute kennen? War das Leben der Tänzerinnen an der Pariser Oper so glamourös wie ihre Auftritte? Wie überstanden avantgardistische Tanzkünstler die Nazizeit? Wer mehr über die Kunst des Tanzes erfahren will, ist hier an der richtigen Adresse. Einmal jährlich wechseln die Ausstellungen und zeigen so immer unterschiedliche Aspekte der Sammlung und der Tanzgeschichte:

Eine Skulptur von Edgar Degas zeigt eine Tänzerin mit ausgemergeltem flachbrüstigem Körper. Kupferstiche und Radierungen des 17. und 18. Jahrhunderts entführen in die Zeit, als Tänzerinnen einen Skandal heraufbeschworen, wenn ihre Röcke drei Handbreit über dem Knöchel endeten. Die Geschichte rund um Lola Montez und ihre Affäre mit dem bayrischen König Ludwig I. zeigt, wie eine Tänzerin zum Politikum werden konnte.

▶ **Das Museum hat montags freien Eintritt, ebenso die im gleichen Gebäude befindliche Photographische Sammlung der SK Stiftung Kultur mit Wechselausstellungen.**

In der Bibliothek sind nicht nur Fachzeitschriften und Wissenschaftliches zu finden, wenn es um Tanz geht, stehen in den Regalen sogar *Conni*-Pixibücher. Kinder feiern im Museum Geburtstag mit Tanzmärchen und Fußspielen. Im »Tanzenden Klassenzimmer« gibt es für Schulklassen Tanzprojekte von Hip-Hop bis Afrodance. Im Archiv von bundesweitem Rang sind Nachlässe von Tänzern, Komponisten und Choreografen verwahrt, die auf Anfrage eingesehen werden können. Angelegt wurde das Archiv 1948 vom Tanzpädagogen Kurt Peters. Seit 1985 ist es im Besitz der Stadtsparkasse Köln und der SK Stiftung Kultur.

Tanzmuseum und Tanzarchiv · Museum Do–Di 14–19 Uhr, Mi geschlossen · Archiv, Bibliothek, Mediathek Di 10–19 Uhr, Mi, Do 10–16 Uhr · Im Mediapark 7 · 50670 Köln · Tel. 0221/88 89 54 44
www.sk-kultur.de · Haltestelle Christophstraße/Mediapark, KVB-Bahn 12,15

VHS
Fatal Attraction.
TANZ, ELEGANZ UND WEIBLICHKEIT.
DIE AKTUELLE AUSSTELLUNG
DES TANZMUSEUMS –
NOCH BIS ZUM 26. JULI 2009
Deutsches Tanzarchiv Köln

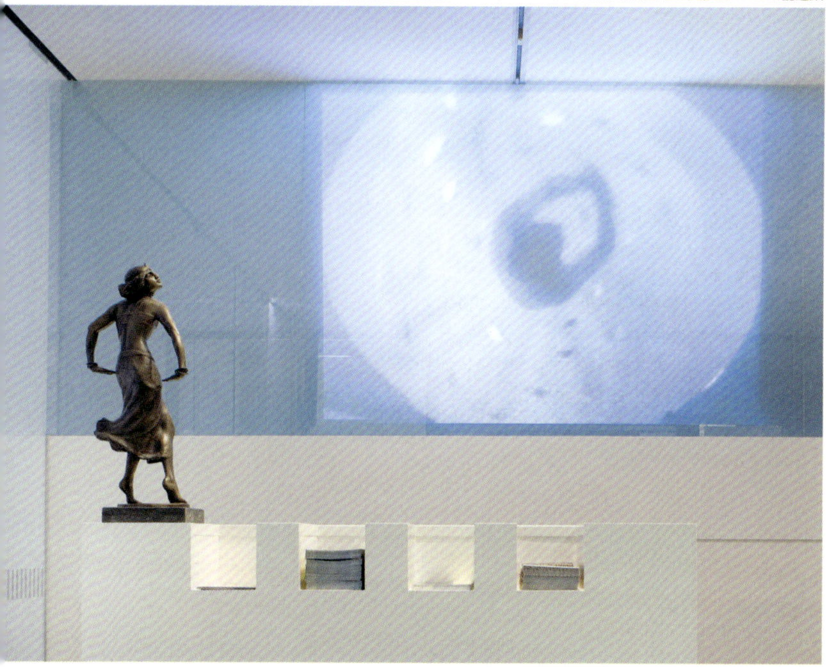

Katzenkraulen beim Kirschkuchen im Café Schnurrke

24

»Die Wienanz han 'nen Has 'em Pott, miau, miau, miau«, trällerte einst Willy Ostermann. Zumindest das traditionelle Kölner Liedgut ist also nicht katzenfreundlich. Kölner Katzenliebhaber, deren Wohnverhältnisse nicht stubentigergerecht sind, finden dank Sabrina Szabos Geschäftsidee im Café Schnurrke Entspannung.

Wer ins Café Schnurrke will, muss durch eine Schleuse, aber Gründe, wegzulaufen haben die vier mauzenden »Mitarbeiter« eigentlich nicht, denn bis auf lebende Mäuse finden sie hier alles, was das Katzenherz begehrt: Die Regalbretter an den Wänden entpuppen sich als Katzentreppen. Ein Teppich, Kissen und Körbe laden (die Vierbeiner) zum Herumlümmeln ein, Kratzbäume stehen zum Austoben zur Verfügung, und bei Ruhebedarf geht es in den Rückzugsraum. Damit sie an die frische Luft kommen, hat Inhaberin Sabrina Szabo ein kleines Außengehege angelegt. Kaffee, Kuchen und ein paar Sitzplätze für die Zweibeiner gibt es auch, schließlich muss irgendjemand die vier Dauerbewohner kraulen und gelegentlich bespielen.

Letztlich sind Katze und Mensch glücklich: Ein entspannenderer Handschmeichler als eine schnurrende Katze auf dem Schoß zum Milchkaffee oder Rooibostee ist kaum vorstellbar.

Reiseberichte ihrer Nachbarn über japanische Katzencafés faszinierten die Katzenliebhaberin Sabrina Szabo, außerdem war die gelernte Übersetzerin sowieso gerade auf der Suche nach einer neuen Herausforderung. Die vierbeinigen Bewohner vermittelte der Tierschutzverein Anubis e.V. Die Küche ist, getreu dem Tierschutzgedanken, vegetarisch, sogar vegane Mettbrötchen stehen auf der Tageskarte. Abstriche macht Szabo bei der Kindertauglichkeit: Eltern bittet sie freundlich, darauf zu achten, dass ihre Kinder groß genug sind, um sich »tierkompatibel« zu verhalten.

▶ **Nach ausgiebigem Kraulen und Kuscheln empfiehlt sich ein Verdauungsspaziergang im Klingelpützpark, wo sich bis 1969 Kölns berühmt-berüchtigtes Gefängnis befand. Ein Gedenkstein erinnert an die Opfer der Nazijustiz.**

Café Schnurrke · Di–So 11–20 Uhr, Ritterstraße 27 · 50668 Köln · Tel. 0221/84 61 79 80
www.cafeschnurrke.de · Haltestelle Hansaring · KVB-Bahn 12 und 15,
S-Bahn S 6, S 11, S 12, S 13 und RB 25

DT·KOLN
WILLI OSTERMANN

Stroßesänger-Sonndachs-tour mit Philipp Oebel

25

Auch wenn allenfalls alte Kölner noch unverfälschtes Kölsch verstehen und sprechen können, kölsches Liedgut stand immer hoch im Kurs. Seine Hoch-Zeit feiert das Kölsche im Karneval, aber es gibt auch leisere Töne. Auf seiner Stroßesänger-Sonndachstour lässt Philipp Oebel die »Krätzche« wieder aufleben.

Gut zu Fuß sollte man sein, Lust zum Mitsingen und Zuhören und ein Ohr für kölsche Tön' haben: Philipp Oebel holt sein Publikum mit der Gitarre an einem Brauhaus ab und sofort geht es in die Altstadt. Auch das Vringsveedel, Deutz und der Eigelstein standen bereits im Mittelpunkt seiner Stroßesänger-Sonndachstouren. In der Altstadt sind die Namen der Kölner Urkarnevalisten verewigt: Am Willi-Ostermann-Brunnen lässt Oebel das Lied vom *Schmitze Billa mit der Poppelsdorfer Villa* erklingen, auch der Klassiker *Däm Schmitz sing Frau ess durchjebrannt* darf nicht fehlen. Am Jupp-Schmitz-Plätzchen wird es leiser: Regnet es, gibt Oebel passend zum Wetter *Et ess an einem Stück am rääne* zum Besten. Hier zeichnet sich die Vorliebe Oebels für die leiseren Töne ab: Das »Krätzche«, eher ein gesungener Witz oder ein – oft fieser – Streich ist die kölsche Liedgattung, die im Karnevalsfrohsinn unterzugehen drohte. Seit im Karneval neben Stimmungsliedern auch wieder Besinnlicheres Platz hat, hat das »Krätzche« wieder eine Chance. Jedes Jahr treibt Oebel in Kölner Kneipen einige unbekannte Werke auf, denen er manchmal mit eigenen Melodien wieder Leben einhaucht.

▶ Wer Blut geleckt hat, findet unter www.koelsch-akademie.de eine Sammlung kölscher Lieder mit Übersetzung, die Akademie (Im Mediapark 7) bietet Kölsch-Kurse und Liederabende.

Beim Anhören offenbart sich der ganze Reiz der Sprache: Das melodische Kölsch mit seinen vielen Verkleinerungsformen, fehlendem Genitiv und gedehnten Vokalen nimmt kleinen Gemeinheiten die Schärfe. Ehekrisen und schlechtes Wetter werden weggesungen. Auch verregnete Sonntagnachmittage finden so ein heiteres Ende.

Stroßesänger-Sonndachstour mit Philipp Oebel · So ab 16 Uhr · Anmeldung unter Tel. 0177/182 33 03 · philipp-oebel@t-online.de · www.philipp-oebel.de

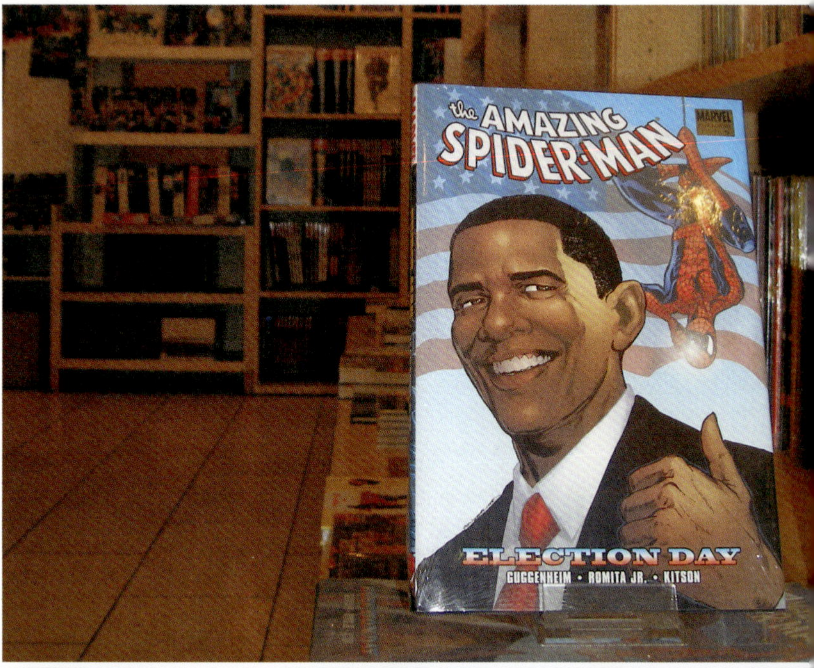

the AMAZING SPIDER-MAN
MARVEL
ELECTION DAY
GUGGENHEIM • ROMITA JR. • KITSON

US ANGEBOTE
COMIC PACKS
SIRIUS
D – F
SILVER SURFER – G
ZAKK
YOKO TSUNO
VALHARDI
L – O
J – DIVERSE
I – DIVERSE
HERMAN / BOS-MAURY-JEREM.
HARRY + PLATTE
BUFFALO BILL
A – B
TIBURCE OGER
FRITZ LEIBER
FAFHRD

Comic-Haus und Fantastic Store

26

Bunte Heftchen für Lesefaule – dieses Image werden Comics trotz der Manga-Welle und anerkannter Künstler wie Ralf König immer noch schwer los. Das Comic-Haus vereint unter einem Dach Forschung, Begegnungsstätte, Ausstellungen, Events und last but not least ein Fachgeschäft mit Antiquariat rund um die »neunte Kunst«.

Kennt noch jemand die »Gifticks«? Und wird Clark Kent wirklich schon 75? Wer hat außer Carl Barks noch Donald-Duck-Geschichten gezeichnet? Im Fantastic Store von Rüdiger Schuster finden Comic-Fans nicht nur Antworten auf diese Fragen, sondern können auch gleich blättern. Die Abenteuer von Walt Disneys gefiedertem Anti-Helden sind nach Zeichnern von Don Rosa bis Romano Scarpa sortiert, verlangen also schon fachkundiges Stöbern. Das Herz des Comic-Veterans Schuster hängt jedoch an Amerikas Superhelden: Spiderman, Superman, Flash Gordon und Batman bevölkern das Ladenlokal, neu, antiquarisch und in Sonderausgaben. »Hier gibt es nichts, was es an jedem Kiosk gibt«, ist Schusters Credo. Fans auf der Suche nach Schätzen finden bei ihm versierte Beratung. Egal, ob Jugendlicher, Anwalt oder Bänker, Rüdiger Schuster duzt sie alle. Mit seinen 35 Jahren im Geschäft ist er ein alter Hase, aber dass sich der Fantastic Store in der Südstadt befindet, verdankt Schuster einem anderen Fan, der seiner Leidenschaft und seiner Sammlung hier ein Zuhause gab: Thomas Schmitz-Lippert packte die Sammelleidenschaft für Hefte und Accessoires schon in Kindertagen. Um seine Sammlung würdig zu präsentieren, gründete er 2008 seine eigene Stiftung, die 2010 das Comic-Haus bezog. Ralf König und Don Rosa waren seitdem des Öfteren zu Lesungen und Signierstunden zu Gast im Haus, Ausstellungen und Vorträge lassen hinter die Kulissen von Spiderman & Co. blicken. Jährliches Highlight ist der 24-Stunden-Comic-Tag.

▶ **Bei schönem Wetter einen Kaffee im Hof der Comedia-Wagenhalle (Vondelstraße 4–8) trinken und dabei in der Neuerwerbung schmökern.**

Comic Haus und Fantastic Store · Mo–Fr 12–19, Sa 11–18 Uhr · Tel. 0221/44 90 93 58
Comic-Stiftung · Galerie · jeden 1. u. 3. Sa 15–17 Uhr o. nach Vereinbarung · Tel. 0221/310 46 55
Bonner Straße 9 · 50677 Köln · www.coeln-comic.de · Chlodwigplatz, KVB-Bahn 15, 16

27 Burger de luxe von der Fetten Kuh

Burger-Restaurants bietet Köln mehrfach, von den zahlreichen Filialen diverser Fast-Food-Ketten ganz zu schweigen. Aber wer einmal einen Burger der Fetten Kuh gegessen hat, ist als Kunde für Mcdoof und Würger King rettungslos verloren. »Fast Food als Slow Food« ließe sich das Erfolgsrezept umschreiben.

Ein normaler Feierabend in der Südstadt zur Essenszeit: Wer Hunger, aber keine Zeit zum Kochen hat, verschwindet in einem der zahllosen Imbisse von Thai bis Türkisch. Nur vor einem Lokal bildet sich eine Schlange, obwohl es hier etwas gibt, was normalerweise für Billigessen steht, nämlich Burger – aber nicht die üblichen Fleischklumpen in Pappebrötchen.

Schon die Einrichtung zeigt, dass Fast Food hier nichts verloren hat. Das Besteck hat solide Holzgriffe, auch sonst ist Plastik kaum zu finden. Von der Decke baumeln Kronleuchter, verziert mit Förderschnecken von Fleischwölfen. Die Karte beginnt beim handelsüblichen Hamburger mit Gewürzgurke, beim Cheeseburger lässt sich schon zwischen drei Käsesorten wählen. Asienfans kosten den Teriyaki-Burger mit Avocado, wer es deftig mag, nimmt die Variante Barbecue Bacon Cheese, fleischfressende Pflanzen beißen in den »Naked Burger« ohne Brötchen. Alle Burger gibt es in fleischfreier Variante, zusätzlich wird Vegetariern mit dem Pilz-Burger mehr geboten als der übliche Gemüsebratling. In puncto Kreativität toben sich Inhaberin Andreea Bratu und Koch Walter Schnerring beim »Burger der Woche« aus.

▶ Schönes für Tisch und Auge bietet wenige Meter weiter (Hausnummer 37) das »Messerbänkchen«, für die Wände gibt es Anregungen bei Tapeten Nobbe (Hausnummer 10).

Das Einzige, was an Fast Food erinnert, ist der durchorganisierte Betrieb hinter der Theke. Trotz Hektik bei vollem Lokal bleibt die Mannschaft konzentriert und bringt die Garstufen englisch, medium und durch auf den Punkt. Den Genuss fördert die Nachhaltigkeit: Bratu und Barlow bringen luftgereiftes Fleisch von niederrheinischem Weidevieh auf den Tisch.

Die Fette Kuh · Mi–Mo 12–23 Uhr · Bonner Straße 43 · 50677 Köln – Tel. 0221/37 62 77 75 (keine Reservierung) · www.diefettekuh.de · Haltestelle Chlodwigplatz, KVB-Bahn 15, 16

gegrillt seit 2011

N OSCE TE IPS UM

Betonklunker – Möbel und Schmuck aus Beton

28

Beton? Gedanken an Wohnsilos und Bausünden der Siebzigerjahre tauchen da auf. Aber ebenso wie Plattenbauten wieder hip werden, gibt es Menschen, die die ästhetischen Qualitäten des Betons entdecken und Schönes daraus formen. Im Ladenlokal von Katja Rodrian und Bärbel Wieneke lässt sich einiges davon entdecken.

Edel sehen die Schalen in den unterschiedlichsten Grauschattierungen oder lichtem Ocker schon aus, die auf dem rauen Holztisch in dem kleinen Südstadt-Ladenlokal arrangiert sind. Ihre polierten Oberflächen fühlen sich warm und glatt, beinahe schmeichelnd an, Maserung und Poren machen jedes Stück unverwechselbar. Eierbecher, Badezimmeraccessoires und Kerzenhalter sind in schlichten Formen gehalten – wie man es von Gegenständen aus edlem Material erwartet. Einige haben eine glänzende Innenseite, und es ist tatsächlich echtes Blattgold, das die Schalen auskleidet. Aber auch Niedliches zur Saison findet sich, zum Beispiel Osterhasen. Von Experimenten zeugen Schalen mit Abdrücken von Wirsingblättern oder Paprika. Die Gemeinsamkeit dieser vielfältigen Objekte: Sie bestehen aus einem Material, das eigentlich eher für Tristesse steht, nämlich Beton.

▶ Schräg gegenüber in der zweietagigen »Leuchte«-Kaffeebar, Karolingerring 21, gibt es zum Kaffee ein Ministückchen Kuchen in Zuckerwürfelgröße.

Diesen Werkstoff kennt Katja Rodrian als studierte Bauingenieurin »aus dem Effeff«. »Ich mag die Haptik«, weiß sie, »eigentlich ist es ein künstlicher Stein, aber die Form lässt sich bestimmen.« Als Profis haben sie und Bärbel Wieneke ihre eigenen Mixturen von Sand, Zement und Gestein entwickelt.

Wieneke als Schmuckdesignerin steuert Ohr- und Fingerringe, Halsketten und Accessoires zum Angebot bei, ebenfalls kombiniert mit Edelmetallen wie Silber. Angst um seine Halswirbel muss niemand haben, denn je nach Zusammensetzung ist Beton sogar leichter als viele Edelmetalle.

Betonklunker · Mo und Fr 13–19 Uhr, Sa 11–16 Uhr und nach Vereinbarung · Karolingerring 14–16 50678 Köln · Tel. 0173/575 73 99 · www.betonklunker.de · Haltestelle Chlodwigplatz, KVB-Bahn 15, 16

29 Die historische Senfmühle – Scharfes mit Geschichte

Als Pfeffer noch in Gold aufgewogen wurde, bot ein kleines gelbes Korn aus Asien die einzige Möglichkeit, Essen aufzupeppen. Den Senf brachten die Römer an den Rhein. In Wolfgang Steffens Senfmühle kann man ihn heute nicht nur kaufen, sondern auch eine 200 Jahre alte Senfmühle in Betrieb sehen.

Wenn Wolfgang Steffens arbeitet, bleibt kein Auge trocken: Sobald er seine restaurierte Senfmühle in Gang setzt, zwickt es schon einmal in der Nase oder die Augen tränen, denn das Mahlen setzt die ätherischen Öle frei. »Dafür habe ich, seit ich Senf herstelle, keine Erkältung mehr gehabt«, berichtet der Senfmüller. Dass die gelben Körnchen nicht nur als Gewürz, sondern auch als Heilmittel eine Tradition haben, ist heute beinahe in Vergessenheit geraten. Ein guter Grund für Steffens, nicht nur Senf in allen Geschmacksrichtungen zu verkaufen, sondern auch Senfmehl für Brustwickel oder als Badezusatz.

▶ **Wer nach der Schärfe süßen Ausgleich sucht, kann im Chocolat Shop des Kölner Schokoladenmuseums, direkt gegenüber, stöbern.**

Als Gaumenschmaus findet sich die Würzpaste in Steffens Steinguttöpfen, wo sie sich zwei Jahre hält. Bis sie dort landet, sind noch einige Arbeitsschritte nötig: Die Körner werden zu einer Maische eingeweicht. Anschließend zerkleinert die von Steffens selbst liebevoll restaurierte Senfmühle aus dem Jahre 1810 die Körner, danach folgen eine mehrwöchige Reifung und die Zugabe weiterer Zutaten. Rund 360 Kilo Senf entstehen so täglich in Steffens' Ladenlokal. Er legt Wert darauf, dass seine Mühle noch mit einem alten steinernen Mahlwerk arbeitet und kalt mahlt – so gehen keine ätherischen Öle verloren. Für Pfiff sorgen weitere Zutaten, die aus der Paste Birnensenf, Rieslingsenf oder Kölner Mostert, angesetzt mit Gaffel Kölsch, machen. Nebenprodukte wie Senflikör zeigen, dass es bei dem altertümlichen Gewürz noch viel zu entdecken gibt: Seit Kurzem interessiert sich sogar die Krebsforschung für die kleinen Scharfmacher.

Senfmühle Köln · Mo–Fr 10–18 Uhr, Sa, So 11–19 Uhr · Holzmarkt 79–83 · 50676 Köln · Tel. 0221/20 53 23 40 · www.senfmuehle-koeln.de · Haltestelle Schokoladenmuseum, Bus 133

Senf - Fabrik anno 1760

Cayenne
Senf
scharf
Riesling
Senf
mittelscharf
Mühlen
Senf
süßlich
weihnachtlich
Ind.-Curry
Senf
mittelscharf

DESIGN POST
WELCOME

Möbeldesign in der ehemaligen Bahnhofshalle

30

Wenn die Anschaffung eines neuen Sofas, Sessels, Schranks oder Schreibtisches ansteht und der Geldbeutel ein Designerstück zulässt, kann man natürlich Kataloge wälzen. In der Design-Post, einer ehemaligen Postbahnhofshalle, sind Möbel hochkarätiger Designer versammelt, die man flanierend entdecken kann.

»Der Investor wollte bewusst ein Gebäude mit Geschichte«, erinnert sich Simone Gotschol, Mitarbeiterin der Design Post. Betritt man die achtschiffige Dreigelenkbogenhalle, weist auf den ersten Blick nicht mehr viel darauf hin, dass dieses Gebäude prägend für die Geschichte von Deutz war. Designermöbel von adeco bis Zeitraum lassen sich in der Halle bestaunen, gelegentlich wird ein Ausstellungsstück zum reduzierten Preis angeboten. Teppiche, Vorhangstoffe und Lampen ergänzen das Angebot an Möbeln. Abends oder an Wochenenden füllt sich der Ausstellungsraum oft, weil Fachleute Vorträge halten oder in Podiumsdiskussionen und Symposien Themen rund um Design, Einrichtung und Ästhetik diskutiert werden.

▶ Einen Drink in ebenso historischem Ambiente kann man in der Bar des ehemaligen Deutz-Kalker Schwimmbads von 1913, heute Hotel Günnewig (Deutz-Kalker Straße 52), nehmen.

Als Showroom für Designermöbel könnte eigentlich jede Mehrzweckhalle herhalten, für Fortbildungen und Vorträge ebenfalls. Aber die Halle, in ihrer Leichtigkeit zur Zeit ihrer Errichtung 1910 bis 1914 das Nonplusultra der Ingenieurskunst, bietet neben dem historischen Ambiente die Erinnerung an ein Stück Deutzer Geschichte: Vor dem Ersten Weltkrieg war sie Teil eines riesigen Postbahnhofs mit Wagenhallen, Pferdeställen, Postamt, Stellwerk, Dienstwohnungen und mehr als 1500 Mitarbeitern. Nach der Stilllegung zu Beginn der Neunzigerjahre blieb einzig die seit 1988 denkmalgeschützte Halle vom Abriss verschont. 2006 folgte ihre Wiedereröffnung als Showroom. Oral history gibt es auch heute noch: »Oft kommen ehemalige Mitarbeiter und erzählen ihre Erlebnisse«, so Simone Gotschol.

Design Post Home of Design · Mi–Fr 10–18 Uhr, Sa 10–16 Uhr, Mo/Di nach Vereinbarung
Deutz-Mülheimer Straße 22a · 50679 Köln · Tel. 0221/69 06 50 · www.designpostkoeln.de
Haltestelle KölnMesse, KVB-Bahn 3, 4

31 Der Pyramidenpark mit Ausblick über Deutz

Einen Spaziergang von Deutz nach Kalk zu machen, erscheint auf den ersten Blick wenig reizvoll, schließlich sind die beiden Stadtteile in erster Linie durch die beiden Autoschneisen Deutz-Kalker Straße und Gummersbacher Straße verbunden. Dazwischen liegt nicht nur der alte Friedhof, sondern auch ein Stück Landschaftsarchitektur.

Vorbei an der »Lanxess-Arena«, im Volksmund immer noch »Köln-Arena« oder liebevoller »Et Henkelmännche« genannt, findet sich der Zugang zu diesem Park, der in erster Linie für Deutzer Anwohner ein Begriff ist. Rhein- und Domblick gibt es hier nicht, der Reiz liegt im Verborgenen. Ein Prellbock mit Bahngleis im Rasen erinnert an das ehemalige Straßenbahndepot der KVB, das sich hier von 1902 bis 1994 befand. Im Stil eines englischen Landschaftsgartens führt der Weg weiter bis zu einer Freifläche. Dort müssen sich Spaziergänger für die schnelle sportliche oder längere, beschauliche Variante auf dem Weg nach oben entscheiden: Beide Wege führen auf den Gipfel des namensgebenden Rasenwalls, der den Park von einem unansehnlichen Parkplatz trennt. Von dort hat man nicht nur einen Rundblick auf die Deutzer Wahrzeichen: das »Henkelmännchen«, das neue Stadthaus und den LVR-Turm, sondern man hat auch Deutzer Geschichte unter den Füßen. Nördlich des Hügels trainieren die »Kölner Haie«, am Fuße des Hügels liegen Reste des alten Deutzer Friedhofs. Entlang der Deutz-Kalker Straße befindet sich das ehemalige Deutz-Kalker Bad, heute ein Hotel.

▶ **Vor dem Aufstieg auf den Hügel kann man sich bei Bäckerei Hütten (Deutzer Freiheit 112) mit Teilchen in Oma-Qualität fürs Picknick mit Aussicht eindecken.**

Richtung Deutz-Kalker Straße ist im Wegpflaster ein weiteres Stück Geschichte eingelassen: Der Park geht auf eine Stiftung der Sparkasse Köln-Bonn zurück, die dort Münzen der Vor-Euro-Zeit eingelassen hat. Kinder können hier von der Lira bis zum Franc sehen, womit ihre Eltern in früheren Zeiten im Urlaub bezahlten.

Pyramidenpark · zwischen Deutz-Kalker Straße und Gummersbacher Straße
Haltestelle Fachhochschule · KVB-Bahn 1 und 9

Italien
Lira

F
KroKoLino

F130
DU 4365

Gemütliche Krokodile

32

Eine Fahrradtour am Rhein bei Sonnenschein ist immer ein Spaß für die ganze Familie. Aber für welche Rheinseite entscheidet man sich? Zwischen Weiß und Zündorf verkehrt eine altertümliche Fähre, die den Seitenwechsel unkompliziert und beschaulich ermöglicht und überdies zwei der schönsten Ecken am Rheinufer verbindet.

Angst haben muss man vor dem »Krokodil« im Rhein nicht. Auch wenn es dreimal stündlich Menschen verschluckt, so landen sie doch wohlbehalten am anderen Rheinufer. Als Fähre ist meist die große Schwester »Krokolino« im Einsatz, denn das Rheinkrokodil fasst nur etwa 18 Personen.

Eine Fahrt mit »Krokolino« ist eine Wiederentdeckung der Langsamkeit. Wenn Kapitän Heiko Dietrich die 40 Fahrgäste, davon maximal 22 mit Fahrrädern, abgezählt hat, legt das Boot mit gefühlten fünf Stundenkilometern ab und tuckert Richtung Zündorf oder Weiß. Egal, wie lang die Schlange ist, ob es regnet oder die Sonnenbrillen zum Einsatz kommen, Dietrich lässt sich nicht aus der Ruhe bringen. Souverän manövriert er »Krokolino« durch Sportboote, Ausflugsschiffe und dicke Frachter über den Rhein. Auch wenn der Strom nach etwa zehn Minuten Fahrt überquert ist, ist die Überfahrt mit Rheinpanorama und schaukelnden Sitzen eine gefühlte Auszeit vom Alltag, ein wenig Urlaubsgefühl mitten in der Heimatstadt. An Feiertagen mit Ausflugswetter tuckert »Frika«, Krokolinos große Schwester, mit rund 100 Personen über den Rhein. Gruppenermäßigung gibt es für Fußgänger ab vier Personen, für Radler ab zehn Personen.

▶ **Der Bildhauer Elmar Hillebrand hat in Weiß Spuren hinterlassen. Dazu gehören die große Bronzeschildkröte vor der und Malereien in der Kapelle St. Georg (Georgsplatz).**

Die Fähre verbindet zwei der schönsten Gegenden Kölns: Auf der Zündorfer Seite wartet der Trubel im Grün- und Freizeitparadies der Halbinsel Groov mit Minigolf und Ausflugslokalen (s. Kapitel 67). Im eher verschlafenen Weiß lässt sich Kölns größtes Auenwaldgebiet erkunden.

Fähre »Krokodil« · 1. April–30. September täglich 11–19, Sa, So, feiertags 10–20 Uhr, März und Oktober nur Sa, So, feiertags bis Sonnenuntergang · Tel. 02236/683 34
www.faehre-koelnkrokodil.de · Haltestelle Zündorf, KVB-Bahn 7 oder Weißer Hauptstraße, Bus 131

33 Ausflug ins Grüne mit Piep-Schau

Mit offenen Augen, Ohren, Nasen und neugierigen Händen wird jeder Spaziergang im Grünen nicht nur für Kinder zur Entdeckungsreise. Im Naturerlebnisgarten Finkens Garten lässt sich erfahren, wie viel Leben auch in einem einfachen Garten kreucht und fleucht, wenn man ein wenig Mut zur Unordnung hat.

Betritt man den Garten, springen zuerst die vielen umgekehrt aufgehängten Blumentöpfe an den Obstbäumen der Streuobstwiese ins Auge. Sie sind die Heimat der Ohrenkneifer, die am liebsten Blattläuse vertilgen, also Schädlinge fernhalten, ein altes Hausmittel aus Omas Trickkiste.

Was wächst auf einem Kuchenbaum? Kann man eine Pimpernuss essen? Und wie kam der Taschentuchbaum zu seinem Namen? Lesekundige Kids können mit dem Baumquiz auf die Suche nach den Lösungen gehen, auch für ihre jüngeren Geschwister gibt es im Erlebnisgarten mehr zu entdecken als ein üblicher Reihenhausgarten bieten kann: Hier quaken Frösche, summen Bienen und schwirren Libellen. Zweimal monatlich veranstaltet der Kölner Imker-Verein am Bienenhaus seinen Bienentag mit Honig-Verkostungen, Filmen und vielen Infos über die pelzigen Bestäuber. Auf dem frisch renovierten Fußtastpfad geht es barfuß über Gras und Kiesel. Sozialer Wohnungsbau für Vögel ist kein bisschen trist, sondern bunt, und manchmal kann man sogar brütende Vogelmütter mit ihren Jungen in der »Piep-Schau« beobachten. Stein- und Reisighaufen liegen wie unaufgeräumt herum, sind aber lebenswichtige Verstecke für Kleintiere wie Igel und Spitzmäuse. Für eine poetische Stimmung sorgen Zitate aus Michael Endes *Schnurpsenbuch*. Im Kräutergarten lassen »Pipi-Strauch« und »Super-Stinker« Jung und Alt kichern. Ein Spiel mit unterschiedlich großen Holzstücken erinnert erneut an Omas Zeiten, als Wii-Konsole und Nintendo noch nicht einmal Zukunftsmusik waren.

▶ **Frühaufsteher erkunden den Garten um 6 Uhr morgens zur Vogelstimmenführung unter fachkundiger Leitung.**

Finkens Garten · täglich 9 Uhr–Sonnenuntergang · Friedrich-Ebert-Straße 49 · 50996 Köln
Tel. 0221/285 73 64 · www.foerderverein-finkensgarten.de · Haltestelle Rodenkirchen, KVB-Bahn 16, Haltestelle Römerstraße/Konrad-Adenauer-Straße, Bus 131

Andrea

Der Kalscheurer Weiher – ein Büdchen für alle(s)

34

Ein Weiher im Grüngürtel, ein Kiosk mit Kaffee, Kuchen, Kartoffelsalat und Kaltgetränken, ein Bootsverleih, und vor allem: viel Platz. Eigentlich nichts Besonderes. Aber dieser Kiosk hat eine eigenwillige Architektur, und der Verkauf dient nicht dem Profit, sondern dem Erhalt eines gemütlichen Nachbarschaftstreffpunkts.

So könnte ein Sonntagsausflug aussehen: Raus ins Grüne und ein paar Kalorien abstrampeln, anschließend irgendwo im Gras lagern, möglichst mit Blick aufs Wasser. Nachdem der Hunger aus der Butterbrotdose oder dem Picknickkorb gestillt wurde, vielleicht eine Runde Bötchen fahren. Wenn man keine Lust hat, Tupperdosen und Besteck mitzuschleppen, bietet der Kiosk Kartoffelsalat oder Bockwurst und Getränke zu zivilen Preisen. Dass dies am entlegenen Kalscheurer Weiher im Äußeren Grüngürtel noch möglich ist, ist der Initiative einiger Anwohner und Fans zu verdanken.

2010 kündigte die Stadt der damaligen Pächterin den Pachtvertrag für Büdchen und Kahnstation. Viele alte Stammgäste fürchteten, dass das Flair des alten Büdchens mit Bootsverleih verloren gehen könnte, wenn die Stadt oder ein größerer Anbieter die Kahnstation übernehmen würde. Kurzerhand gründeten Anwohner und Stammgäste einen Verein, um das Gelände selbst zu pachten und ihren Kiosk zu erhalten. Viele Spendensammlungen und helfende Hände waren nötig, bis die Initiative den Pachtvertrag in der Tasche hatte. Im Sommer 2013 konnte der Verein den neuen, vom Künstler Günther Marquardt entworfenen Kiosk mit Bootsverleih eröffnen. Seitdem ist der Kiosk nicht nur Anlaufstelle für Erholungssuchende: Der Verein organisiert Nikolausfeiern und Martinssingen am Weiher, an Sommerabenden findet regelmäßig ein offenes Singen statt. Zusätzlich kümmert sich der Verein darum, dass die Insel im See ein Rückzugsgebiet für Tiere bleibt.

▶ **Den Besuch am Weiher mit einem Spaziergang über den Südfriedhof, auch als »Südjottfried« bekannt, verbinden. Der dem Weiher nächstgelegene Ausgang ist am Oberen Komarweg.**

Kalscheurer Weiher · Zollstocker Weg · 50969 Köln · Tel. 01577/783 22 43 oder 0157/70 25 96 80
Kiosk Mo–Sa ab 14 Uhr, So, feiertags ab 11 Uhr, Haltestelle Zollstock, Südfriedhof, KVB-Bahn 12, Haltestelle Oberer Komarweg, Bus 131, 138

35

Sanftes Grün, hartes Soldatenleben

Wo am Militärring heute der Grüngürtel zur Erholung einlädt, war im frisch gebackenen Deutschen Kaiserreich ein militärisches Sperrgebiet, weil ein Ring aus Forts die Festungsstadt Köln umgab. Heute sind von diesen Forts fast nur Ruinen erhalten, das ehemalige Zwischenwerk VIIIb ist eine Ausnahme.

Wenig Zeugnisse gibt es noch vom Leben der Soldaten, die hier im Frieden Wache schoben und im Krieg Köln schützten. Die Betten, die sie sich zu dritt im Schichtdienst teilten, oder die Latrinen, in denen fünf Männer nebeneinander ihr Geschäft verrichteten – all dies entsteht bei einem Rundgang in den Kasematten nur noch vor dem geistigen Auge. Einige Fundstücke – Pfeifenköpfe und Bierflaschenverschlüsse, die Mitglieder des Kölner Festungsmuseum e.V. aus dem Schutt bargen, zeigen ein wenig Soldatenalltag des 19. Jahrhunderts. In der Küche stehen Reste des Herds, auf dem der Eintopf brodelte, in der Pulverkammer, in der Tür an Tür zu den Mannschaftsräumen Hochexplosives lagerte, liegen die damals üblichen Projektile. Für jeden zu spüren ist immer noch die feuchte Kälte, die sich in den meterdicken Mauern festsetzt und die düstere Atmosphäre der spärlich beleuchteten Gewölbe.

Während viele Forts nach dem Ersten Weltkrieg geschleift oder in Parkanlagen umgewandelt wurden, ist hier viel von den Innenräumen erhalten. Gesprengt wurde in den 20er-Jahren nur der Transportgang für die Kanonen. Als vermüllter Partykeller überstand das Fort die letzten Jahrzehnte, bis der Verein sich seiner annahm. Ein baugeschichtliches Kleinod ist die mit originaler Stahlkonstruktion erhaltene Klappbrücke.

Das Kontrastprogramm bildet ein Spaziergang über die baumbewachsene Kaponniere und durch den Graben: Hier laden Platanenalleen und Hecken zum Verweilen ein. Nur die Backsteinmauern erinnern noch an die militärische Nutzung. Das Verwunschene des Ortes unterstreichen im grünen Graben die Reste einer Skulpturenausstellung von 1985.

Kölner Festungsmuseum Zwischenwerk VIIIb · 1. Sa, 3. So im Monat 12–18 Uhr · Führungen 12, 14, 16 Uhr · Militärringstraße 10 · 50996 Köln · Tel. 0162/739 95 05 (Anmeldung für Gruppen) www.museum.crifa.de · Haltestelle Heinrich-Lübke-Ufer, KVB-Bahn 16

Signale
Signale
langsam und
deutlich geben!

Not-
Signal

Der Barbarastollen in der Universität zu Köln

36

Köln ist keine Domäne des Steinkohlebergbaus. Trotzdem kann unter dem Hauptgebäude der Kölner Universität ein Schaubergwerk besichtigt werden. Der Barbarastollen ist ein Überbleibsel einer Handels- und Gewerbeschau und lag mehrere Jahrzehnte im Dornröschenschlaf, bevor er in den 1980er-Jahren wiederentdeckt wurde.

Man erreicht ihn völlig unspektakulär über die Kellertreppe des Hauptgebäudes. Hinter einer unscheinbaren Stahltür erhalten alle Besucher Helme, falls nötig Schutzjacken, anschließend geht es durch eine weitere Tür in eine andere Welt. Statt der realen höchstens 20 Meter, suggeriert im Barbarastollen alles, dass man sich hier gefühlte 1000 Meter unter der Erde befindet: Grubenstempel unterschiedlicher Bauweise stützen die Wände, polnischer Türstock, deutscher Türstock, schwedischer Türstock sind ihre Namen. Den Boden durchziehen Gleise der Lorenbahn; Bohrhämmer, ein Förderband und ein Aufzug fehlen nicht. Kohleflöze an den Wänden wirken täuschend echt. So sorgfältig wurden sie 1932 aufgeklebt, dass man vergisst, dass im Kölner Raum allenfalls Braunkohle zu finden ist. Die Strapazen und Gefahren des Bergbaus – schlagende Wetter, Steinstaublunge und Einstürze – lassen sich bei einer Führung nur erahnen, Dunkelheit und Enge dagegen erleben.

▶ Nach der Führung kann man bei Tageslicht im PhilCafé gegenüber dem Hauptgebäude einen Milchkaffee zu Studentenpreisen trinken und eventuell in nostalgischen Erinnerungen an die eigene Studienzeit schwelgen.

Ebenso skurril wie der Stollen ist seine Vorgeschichte: Er entstand 1932 als Teil der »Schau der westdeutschen Wirtschaft«. Ursprünglich sollte dies ein Lehrmuseum für Studenten sein. Dieses stand in der Tradition der Handels- und Gewerbemuseen, die erst Studenten der Kölner Handelsakademie, später die ganze Bevölkerung belehren sollten. Nach dem Zweiten Weltkrieg geriet der Lehrstollen in Vergessenheit, in den Achtzigerjahren wurde er bei Aufräumarbeiten wiederentdeckt und restauriert.

Barbarastollen der Universtität Köln · Besichtigung nach Anmeldung, Tel. 0221/478 44 50
www.arbeitsmedizin.uk-koeln.de · Haltestelle Universität, KVB-Bahn 9, Dasselstraße/Bahnhof Süd, RE 5, RE 12, RE 22, RB 48, MRB 26

37 Die Schönheit der Steine

Die Erde verbirgt in ihrem Inneren Bizarres und Buntes. Überreste faszinierender Kreaturen, vom Brontosaurus bis zum Ammoniten überdauerten als Versteinerungen Jahrmillionen. Minerale sind nicht tot, sondern wachsen und verändern sich. Die Schönheit und Faszination der Steine zeigt das GeoMuseum der Universität.

Interaktive Vermittlungstechnik und Infotainment sucht man im Geowissenschaftlichen Institut vergebens. Hier wirken ausschließlich die Exponate, deren Schönheit sich manchmal erst auf den zweiten Blick erschließt. Blickfang am Eingang sind der Oberschenkelknochen eines Brontosaurus und ein verkieselter Baumstamm aus dem Kölner Rheinkies. Innen empfangen zwei zweieinhalb Meter lange Versteinerungen eines Meereskrokodils und eines Ichthyosauriers die Besucher. An den Wänden geht die paläontologische Sammlung mit Versteinerungen weiter.

▶ **Der libanesische Imbiss Lebanon Vitamin (Zülpicher Straße 38–40) macht günstig und lecker satt, einen Tee gibt es gratis dazu.**

Die Vitrinen des Innenraums gehören den Mineralien: Knallrosa Malachit, sein grüner Verwandter, kaltgelber Schwefel und türkiser Hemimorphit fesseln durch ihre Farben. Wächst Pyrit wirklich in diesen exakten, rechtwinkligen Würfeln? Der Zebra-Rock aus Australien wirkt mit seinen gleichmäßigen Mustern fast wie ein künstliches Deko-Objekt.

Statt Bildschirmen und Texttafeln vermitteln hier Menschen: Dr. Rolf Hollerbach und weitere Mitarbeiter, die im Ausstellungsraum an ihren Mikroskopen arbeiten, beantworten Fragen. Wer im Urlaub exotisches Gestein gefunden hat, kann seinen Fund hier kostenlos begutachten lassen – auf die Gefahr hin, dass die Experten den erhofften Meteoriten als Feld-Wald-Wiesen-Gestein identifizieren. Events, wie in Kölns einzigem weiteren naturwissenschaftlichen Museum, dem Odysseum, gibt es hier nur ausnahmsweise: Zum Museumsfest und zur langen Museumsnacht stehen Alt und Jung Schlange beim Edelsteinschleifen und Drusenknacken.

GeoMuseum der Universität zu Köln · Mi 14–20 Uhr, letzter So im Monat 14–17 Uhr, Sonderöffnungszeiten im Dez., Führungen nach Vereinbarung · Zülpicher Straße 49a/b · 50674 Köln · Tel. 0221/470 33 68 · www.geologie.uni-koeln.de · Haltestelle Dasselstraße/Bahnhof Süd, KVB-Bahn 9

Amethyst

Volkssternwarte Köln

Fremde Welten mit eigenen Augen – die Volkssternwarte

38

Seit Menschen ihre Umwelt erkunden, beobachten sie den Lauf der Gestirne und entwickelten dafür schon vor Jahrhunderten ausgefeilte Geräte. Bei einem Beobachtungsabend in der Volkssternwarte springt jedes Mal etwas von dieser Faszination, die der Nachthimmel schon auf unsere Vorfahren ausübte, über.

Mehrere Monde des Jupiter sind gut zu erkennen, auch seine Staubbänder zeichnen sich deutlich ab. Der Riesenplanet ist nicht der einzige Himmelskörper, der, durch das Teleskop der Volkssternwarte, nah und plastisch erscheint. »Wenn sie bei uns den Mond sehen, fragen uns manche Besucher, ob das ein Dia ist«, weiß Dietmar König von der Volkssternwarte. Die unscheinbare Halbkugel auf dem Dach des Schillergymnasiums, eines Schulbaus aus den Sechzigerjahren, birgt seit 2012 das größte öffentlich zugängliche Teleskop Nordrhein-Westfalens. Das »Cologne Large Telescope« mit einem Spiegeldurchmesser von 60 Zentimetern zeigt den Himmel in 200-facher Vergrößerung. Nicht nur der Nachthimmel lässt sich so plastisch erleben: Dank Spezialfiltern zum Schutz der Augen ist es an klaren Tagen möglich, das Wetter auf der Sonne zu beobachten.

Kölns Sternguckertradition reicht bis ins Jahr 1922 zurück, als sich die Vereinigung der Sternfreunde Köln e.V. gründete, die 1935 ihre erste, im Zweiten Weltkrieg zerstörte Sternwarte in der Innenstadt bezog. 1962 folgte das neue Domizil auf dem Dach des Schillergymnasiums. 2012 war es dann Zeit für ein neues Teleskop, das auch weit entfernte Galaxien zeigt.

Die Sternfreunde finanzieren ihren Betrieb ausschließlich aus Mitgliedsbeiträgen und Spenden, lassen ihr Publikum aber für kleines Geld an ihrer Leidenschaft teilhaben. Egal, ob es um Tiere als Spezialisten für Astronomie geht oder den Katalog der Messier-Objekte – die Vorträge sind für Laien verständlich. Die Eintrittspreise liegen unter dem eines Kinobesuchs, die Bilder sind vielleicht auf den ersten Blick weniger spektakulär als die aus *Star Wars* oder *2001 Odyssee im Weltraum*, dafür aber echt.

Volkssternwarte · Fr ab 19.30 Uhr · Nikolausstraße 55 · 50937 Köln
Tel. 0221/41 54 67 · www.volkssternwarte-koeln.de
Haltestelle Weyertal, KVB-Bahn 9, Haltestelle Arnulfstraße, KVB-Bahn 18

39

Das Grab des Sammlers Hermann Götting

Eine Girlande windet sich um seine Grabstele und erinnert an die wallenden Gewänder, die sein Markenzeichen waren. »Kölsches Original« genannt zu werden passte ihm dennoch nicht, nicht nur, weil er 1939 in Hessen geboren wurde. Die Großstadt bot ihm nicht nur das tolerantere Umfeld als Homosexueller, hier lebte er auch seine Sammelleidenschaft aus. In jahrzehntelanger Arbeit trug Götting Alltagsrelikte, von der Stehlampe bis zur 4711-Leuchtreklame, zusammen, und kämpfte darum, dass ihn der Museumsbetrieb ernst nahm. Seine Sammlung fand nach seinem plötzlichen Tod 2004 im thüringischen Gera ein neues Zuhause.

Melaten-Friedhof · Flur 28/Nr. 145 · Haltestelle Melaten, KVB-Bahn 1 und 7, Haltestelle Oskar-Jäger-Straße/Gürtel, KVB-Bahn 13

40

Rosa Bank am Grab von Dirk Bach

Dirk Bach steckte mitten in Proben am Schlosspark-Theater in Berlin, als er am 1. Oktober 2012 plötzlich verstarb. An den Comedian, Schauspieler und Autodidakten erinnert heute ein schlichter schwarzer Marmorstein mit rosa Stern, die farblich passende Bank mit Widmung soll seine beste Freundin Hella von Sinnen gestiftet haben. Ein würdiges Denkmal für jemanden, der früh wusste, was er wollte, der es schaffte, dass Zeitungen mit Anspruch einem TV-Format mit Kakerlakenduschen und Madenmenüs Kritiken widmeten. Über 9000 »likes« hat eine Trauerseite auf Facebook. In der realen Welt legen Fans auch zwei Jahre nach seinem Tod im Jahr 2012 noch Blumen ab.

Melaten-Friedhof · Weg C · Haltestelle Melaten, KVB-Bahn 1 und 7, Haltestelle Oskar-Jäger-Straße/Gürtel, KVB-Bahn 13

1.10.2012
23.4.1961
wer tot ist, wird ein Stern

41 Kindertheater mit Herzblut – das Casamax-Theater

Es ist nicht Kölns einziges Kindertheater – aber Professionalität und Hinterhofcharme sind hier eine liebenswerte Mischung eingegangen. Neben dem passiven Theatergenuss als Zuschauer bietet das Casamax-Theater auch Theaterfans aller Altersgruppen die Möglichkeit, selbst auf der Bühne zu stehen.

In einem unscheinbaren Hinterhof der Berrenrather Straße, mit einigen Blumenkästen und Beeten als Farbflecken, hat ein kleines Veedelstheater die Jahrzehnte überdauert. Im Hof steht eine Spendenbox für alte Kissen, auf denen sich an jedem dritten Sonntag im Monat Kinder in der »Bücherbude« lümmeln. Der Lesevormittag, bei dem Autoren und Schauspieler Kindern vorlesen, ist der neueste Programmpunkt der kleinen Bühne, die sich seit dem Ende der Neunzigerjahre konsequent auf Kinder- und Jugendtheater spezialisiert hat. Das Konzept kam nicht nur deswegen gut an, weil Klet-

tenberg ein kinderreicher Stadtteil ist, in dem Familien mit dem entsprechenden Bildungsstand leben: »Wir bieten eine gemütliche, direkte Atmosphäre und mit Herz gemachtes Theater«, betont Thomas Peters, der das Theater gemeinsam mit Hille Marks leitet. »Unsere Produktionen entstehen mit Herzblut, wir entwickeln unsere Stücke selbst.« Seinen Beitrag dazu leistet das Hausensemble »TeAtmo«, dessen Schauspieler ihre eigenen, auch autobiografischen, Ideen einbringen.

▶ **Vor oder nach dem Theater empfiehlt Thomas Peters den Spielplatz am Nikolausplatz, damit sich der Nachwuchs noch einmal richtig austoben kann.**

Die Lebenswelt von Kindern und Jugendlichen steht im Vordergrund: In *Wonach riecht es hier?* dreht sich alles ums Schnuppern und Schmecken, das Jugendstück *Ins Netz gegangen* nimmt die sozialen Netzwerke ins Visier. In *Ein ordentliches Durcheinander* geht es um das Zusammenleben mit unterschiedlichen Bedürfnissen. Kinder und Jugendliche, die Blut lecken, können das Theaterspielen in Ferienworkshops ausprobieren. Kurse gibt es für Kinder ab acht Jahren, auch Erwachsene können in eigenen Gruppen Bühnenerfahrungen sammeln.

Casamax-Theater · Berrenrather Straße 177 · 50937 Köln · Tel. 0221/44 76 61
www.casamax-theater.de · Haltestelle Arnulfstraße, KVB-Bahn 18

42

Kaffeetrinken bei Hennes

»Erst steigen wir ab, dann steigen wir wieder auf, dann steigen wir wieder ab – das finden wir lustig, weil wir bescheuert sind …« – in der wechselvollen Geschichte des 1. FC Köln ist das Geißbockheim ein ruhender Pol. Im Grüngürtel, unweit des Decksteiner Weihers, trinken auf seiner Terrasse nicht nur FC-Fans ihren Kaffee.

Hennes grüßt im Treppenhaus, aber das tierische Maskottchen des 1. FC Köln ist aus Bronze. Sein lebendes Vorbild hat sein Domizil außerhalb der Stadt in artgerechter Umgebung, sodass die frisch renovierte Gastronomie ohne Geruchsbelästigung zugänglich ist. Die Terrasse des Restaurants im Geißbockheim bietet Aussicht auf den Grüngürtel, viel Platz und stellenweise Strandkörbe. Seit vor der Terrasse ein Verwaltungsgebäude errichtet wurde, liegt der Rasenplatz vor dem FC-Domizil nur noch teilweise im Blickfeld der Terrasse. Nur noch von einer Ecke aus lässt sich so das Training der FC-Profis beim Kaffeetrinken beobachten, aber Sicht auf den Platz hat man auch von den umgebenden Fußwegen aus. Die öffentlichen Trainingszeiten der Profis hängen in einem Schaukasten, werden aber auch auf der Website des FC veröffentlicht und sind immer noch für viele Fans ein Grund, an einem freien Tag den Grüngürtel aufzusuchen. Wer statt des Profitrainings ein richtiges Match sehen will, aber den Weg ins RheinEnergie-Stadion scheut, kann im gegenüberliegenden Franz-Kremer-Stadion Karten für Spiele der Nachwuchsmannschaften und der Damenmannschaften erwerben.

▶ Ein beliebtes Fotomotiv ist die Kastanienallee am nahe gelegenen Decksteiner Weiher.

Nach dem Kaffee kann man im Erdgeschoss des neuen Verwaltungstraktes noch im Fanartikel-Shop stöbern. Das Heim selbst steht auf geschichtsträchtigem Boden. Seine Grundlage bildete das ehemalige Zwischenwerk VI b, das in den Fünfzigerjahren, als Denkmalschutz noch ein Fremdwort war, zum FC-Zentrum umgebaut wurde. Die Kellergewölbe der ehemaligen Festung sind jährlich zum »Tag der Forts« zu besichtigen.

Geißbockheim · Mo–Fr 11–22, Sa, So, feiertags 10–22 Uhr · Franz-Kremer-Allee 1–3 · 50937 Köln Tel. 0221/716 16 64 70 · www.geissbockheim-fckoeln.de · Haltestelle Klettenbergpark, KVB-Bahn 18, oder Berrenrather Straße/Gürtel, KVB-Bahn 13

KARNEVALSORDEN
An Küpper verliehene Orden verschiedener Kölner Karnevalsgesellschaften aus den 1920 – 1930er und 1950er Jahren.
Nach seinem Auftritt beim jüdischen Karnevalsverein „Kleiner Kölner Klub“ im Jahr 1929 erhielt er vom Präsidenten Max Salomon den oben gezeigten Orden (erster von links).
Ausweiskarte — Identity card

KARL KÜPPER
HEUTE
Spiegel Humors
Er und die Stimmung waren geladen unser
Heute!
KARL KÜPPER

Karl Küpper – Nachlass im Karnevalsmuseum

43

Kölns liebster Mythos: Die Kölner waren dank rheinischen Humors und ihrer Weltoffenheit kaum empfänglich für Nazipropaganda, und der Karneval war ein Widerstandsnest. Die Wahrheit: Funktionäre, Künstler und Vereine des Fastelovends ließen sich willig gleichschalten. Eine Ausnahme: der Büttenredner Karl Küpper.

»D'r Verdötschte«, der »Verrückte«, war seine Figur; zu große, karierte Hose, das breit aufgeschminkte Mundwerk und die Brille seine Markenzeichen. »Ess et am rähne?« (»Regnet es?«) mit zum Nazigruß hochgerecktem rechtem Arm war sein Standardgruß ans Publikum in den Jahren zwischen 1933 und 1945. Er stieg niemals in die Bütt, sondern saß auf ihrem Rand, um den Zuschauern nahe zu sein.

Karl Küpper (1905–1970) war kein Widerstandskämpfer, aber seine Narrenfreiheit reizte er aus, bis es gefährlich wurde. Der Gestapo entkam er 1940, indem er sich freiwillig zur Truppenunterhaltung der Wehrmacht meldete. Nach 1945 trat Küpper, der bereits vor 1933 überregional bekannt gewesen war, wieder mit Erfolg auf, aber Altgediente des Festkomitees nahmen ihm seine politischen Anspielungen übel. 1960 zog er sich aus dem Karneval zurück und wurde Gastwirt.

▶ **Stärkung bietet »Marie Curry«, eine Pommes- und Currywurstbude, die in einem alten englischen Doppeldeckerbus (Oskar-Jäger-Straße 52) untergebracht ist.**

Erst in den letzten Jahren stellte sich das Festkomitee Kölner Karneval seiner braunen Vergangenheit. 2010 erschien eine Biografie Karl Küppers, seit 2012 erinnert das Karnevalsmuseum des Festkomitees an den Widerborstigen: Zu sehen sind ein Redenmanuskript, Auftrittsfotos, ein Erinnerungsbuch aus seiner Zeit als Truppenunterhalter und einige Orden, darunter auch ein Orden des bereits vor 1933 aufgelösten »Kleinen Kölner Klub«, Kölns einzigem jüdischen Karnevalsverein.

An den »Verdötschten« erinnern heute auch eine Gedenktafel auf der Kalker Hauptstraße 215 und der Karl-Küpper-Platz in der Innenstadt.

Karnevalsmuseum · Do 10–17, Sa, So 11–17 Uhr · Maarweg 134–136 · 50825 Köln
Tel. 0221/574 00 76 · www.koelnerkarneval.de · Haltestelle Maarweg, KVB-Bahn 1,
Haltestelle Karnevalsmuseum, Bus 141, 143

44

Kiosk Tante Sabine

Es ist Freitag, abends steht eine Party auf dem Programm, aber wo lässt sich noch schnell ein pfiffiges neues Accessoire oder ein Gastgeschenk besorgen? An Sabine Maiers Kiosk gibt es wenig von dem, was ein Kiosk üblicherweise bietet – dafür aber Schmuck, Tücher, Wundertüten und einen Zigarettenautomaten voller Überraschungen.

»Eigentlich ist mein Kiosk nur etwas für Mädchen«, lacht Sabine Maier, denn Bier, Fußballmagazine und Zigaretten sucht man hier vergeblich. Der kleine Kiosk fristete lange ein Schattendasein, obwohl um ihn herum das Leben brodelt. Trotz seiner Lage inmitten von Büro- und Wohnhäusern war die nahe Konkurrenz auf der gegenüberliegenden Seite der Kreuzung, direkt an der KVB-Haltestelle, offenbar zu groß, um dem unscheinbaren Büdchen dauerhaft ausreichend Kunden zu bescheren. Entsprechend lange stand es leer, der Besitzer plante den Abriss – bis Sabine Maier erschien.

▶ Schräg gegenüber liegt Café Bonnen, wo hausgemacht noch hausgemacht bedeutet.

Sie sorgte erst einmal dafür, dass niemand mehr das Büdchen übersieht, indem sie ihm ein neues Äußeres und ein neues Konzept verpasste. »Tante Sabine« prangt seitdem in rosa Lettern auf violettem Untergrund, die Wände sind mit Türkis »aufgepeppt«. Zweimal wöchentlich ist der Kiosk jetzt das Schaufenster für die Ohrringe, Armbänder, Halsketten und sonstige Accessoires, die Sabine Maier neben ihrem Hauptberuf anfertigt und auf Märkten oder Events verkauft. Ihre Schmuckstücke sind handgemachte, farbenfrohe, verspielte Unikate mit Glasperlen und Plüschbommeln, ihr Kinderschmuck lässt auch Mütterherzen höherschlagen. Nebenbei vertreibt sie auch Arbeiten anderer Künstler und Designer in kiosktauglichem Format. Und wer noch ein schnelles Geschenk besorgen muss, wenn »Tante Sabine« geschlossen hat, der findet auf der Rückseite die Rettung: Für sechs Euro lassen sich Mini-Kunstwerke der Grafikerin Julia Brück aus einem ehemaligen Zigarettenautomaten ziehen.

Kiosk Tante Sabine · Mo und Fr 16–18 Uhr · Hültzstraße 2b, Ecke Aachener Straße · 50933 Köln
Tel. 0171/931 84 74 · www.tantesabine.de · Haltestelle Aachener Straße/Gürtel,
KVB-Bahn 1, 7, 13, Bus 140

TANTE SABINE
TANTE SABINE

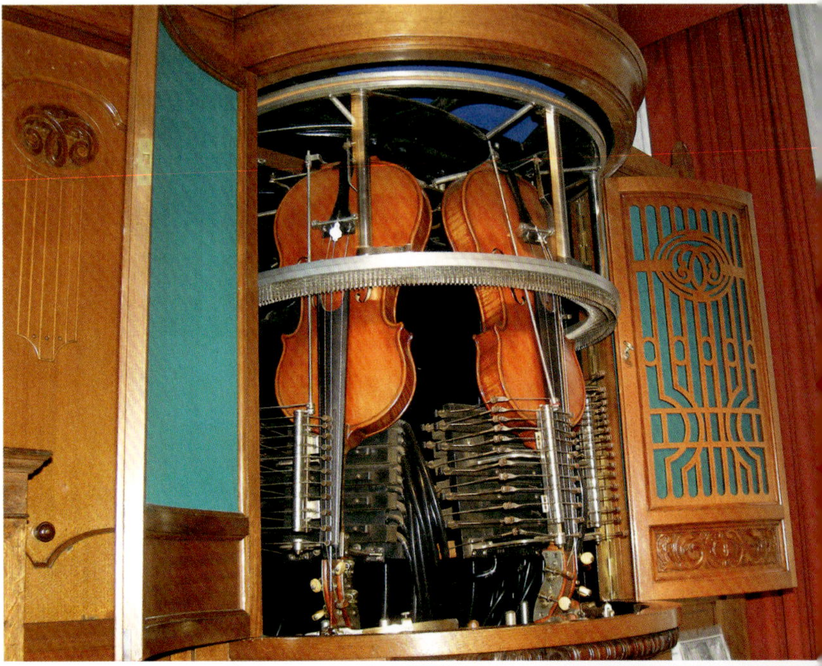

Musik mit Walzen und Stiften

45

»Drei Dinge brauchen Sammler: Geld, Beharrlichkeit und Platz«, wusste Rolf Jacobi (1930–2010). Darüber hinaus waren Leidenschaft, Spielfreude und viele gute Kontakte nötig, um seine einzigartige Sammlung mechanischer Musikinstrumente, von der Spieluhr bis zur automatischen Geige, zusammenzutragen.

Müngersdorf zwischen Technologiepark und RheinEnergieStadion bedeutet vor allem ödes Gewerbegebiet. Die Villa von Rolf und Heidi Jacobi gehört zu den Resten großbürgerlicher Wohnkultur, die in einigen Seitenstraßen erhalten ist. Schon in der Bibliothek fühlt man sich in eine andere Zeit zurückversetzt. Dass im Hinterhof der Villa eine Zeit- und Klangreise wartet, lässt sich dennoch kaum ahnen. Mit dem Kurator Rainer Scharl geht es nach einem Begrüßungsgetränk in die Räume einer ehemaligen Likörfabrik hinter der Villa und in die Welt mechanischer Musik.

Walzen und Kurbeln sind das Herzstück aller Musikautomaten. Diese Datenträger lieferten den Menschen, die selbst weder Instrumente spielten noch eine Kapelle bezahlen konnten, jahrhundertelang Musik: Unzählige feine Stifte auf den Walzen sorgten dafür, dass Glocken angeschlagen oder Saiten gezupft wurden. Marschmusik, Opernouvertüren oder Weihnachtslieder erklangen aus Musikautomaten in Gaststätten, seltener in Privathäusern, manchmal auf Bahnsteigen. Scherzartikelstühle machten ihren »Besitzern« »Musik unter dem Hintern«, musikalische Christbaumständer verbreiteten Weihnachtsstimmung.

All diese Geräte setzt Scharl in Gang und macht Besuchern bewusst, wie viel an Technik und Erfindungsreichtum nötig war, um Töne hervorzubringen. Neben den Klangproben weiß Scharl als langjähriger Adlatus von Rolf Jacobi zudem Geschichten zu jedem Stück zu erzählen: Von der Drehorgel, die Jacobi der Witwe des Stammspielers in seinem Veedel vergeblich abzukaufen versuchte, von der defekten Drehleier mit Mäusenest und vom Highlight der Sammlung, einer automatischen Geige.

Privatsammlung Jacobi · Führungen am letzten Sonntag des Monats 11 und 15 Uhr oder nach Vereinbarung · Linnicher Strasse 52–54a · 50933 Köln · Tel. 0171/87 9 20 89 · www.sammlung-jacobi.de · Haltestelle Müngersdorf Technologiepark, S 12 und Eupener Straße, KVB-Bahn Linie 1

46 Das Waldlabor

Wachsen in 50 Jahren Küstentannen in unseren Parks und Stadtwäldern? Werden wir unser Brennholz aus schnell wachsenden Pappelplantagen beziehen? Im Waldlabor, einem 25 Hektar großen Testgelände, experimentieren das Kölner Forstamt, Rheinenergie und Toyota mit Bäumen für den »Wald der Zukunft«.

An einen Wald erinnert das dreieckige Gelände am Rande des Grüngürtels erst einmal nicht: Zu »aufgeräumt« wirkt es – und zu steril. Infotafeln zeigen schnell, dass es keine handelsübliche Baumschule ist. Korbweiden und Pappeln kennt man in Mitteleuropa, ebenso Esskastanien und Walnuss. Chinesische Blauglockenbäume, Flaumeichen und nordamerikanische Küstentannen stammen aus wärmeren Gefilden. Ihre Gemeinsamkeit: Diese Baumarten vertragen Wärme gut. Einige brauchen, wie die Flaumeiche, wenig Wasser, andere, wie der Walnussbaum, trotzen auch Überschwemmungen. Im Waldlabor gehören sie zum Abschnitt »Klimawald«, in dem Bäume für zukünftige Stadtwälder getestet werden. Durch den »Energiewald« fährt alle zwei bis fünf Jahre der Häcksler: Schnell wachsende Robinien warten dort auf ihre Verarbeitung zu Holzschnitzeln.

Welchen Reiz bietet dieser Retortenwald unbedarften Spaziergängern? Für den Wald als Erholungsgebiet steht der Abschnitt »Wandelwald«: Immergrüne Eiben wechseln mit Feldahorn und Esskastanien und zeigen so zu jeder Jahreszeit ein neues Bild. Im vierten Abschnitt sieht das Laienauge fast nur Gestrüpp. »An den Rändern erkennt man bereits, wie Baumsamen aus angrenzenden Wäldern einfliegen«, stellte Förster Markus Bouwman fest. Dieser »Wildniswald« ist völlig sich selbst überlassen und lässt miterleben, wie sich die Natur Raum zurückholt. Greifvögel und Distelfinken, so Bouwman, lieben das Waldlabor. Rindenmulchwege locken Jogger, ansonsten herrscht Ruhe. Im Herbst ist das Sammeln von Walnüssen, Esskastanien und Elsbeeren ausdrücklich erwünscht, am »Erfter Pfad« an der Ostseite des Geländes laden Mirabellenbäume zur Ernte ein.

Waldlabor · Bachemer Landstraße/Ecke Stüttgenweg · Tel. 0221/22 12 51 51 (zur Terminabsprache für Führungen) · www.koeln-waldlabor.de · Stüttgenhof, KVB-Linie 7

ROBO
DONIEN

LUCKY STRIKE
KÖLN

Odonien – Spielfreude auf dem Schrottplatz

47

Zwischen Großbordell und Bahngleisen hat der Künstler Odo Rumpf eine Mischung aus Atelierkolonie, Partylocation und Subkulturbühne geschaffen, die immer noch für Kulturevents der besonderen Art gut ist. Ob Roboterfestival, Schweißerworkshop oder Kettcar-Rennen, hier darf immer noch jeder spielen.

Wo kommt es vor, dass die Besucher im Open-Air-Kino in die Pedale treten, um mittels Körperkraft ein Stromaggregat anzutreiben, das wiederum die Filmprojektion mit Energie versorgt? Diese Aktion war nur ein Beispiel für die Experimentierfreude, die auf dem Gelände des Bildhauers Odo Rumpf eine Heimat gefunden hat.

Erster Blickfang beim Betreten des Geländes sind erst einmal die überlebensgroßen Metallskulpturen, die der Künstler Odo Rumpf auf dem Gelände herstellt. Ihr Rohmaterial, Schrott in allen Variationen, lagert auf dem Gelände, auf dem noch weitere Künstler ihr Atelier haben. Als Gesamtkunstwerk sieht Rumpf das Bahngelände heute noch. Seit seinen Anfängen hat sich sein Odonien zwar zu einer etablierten Veranstaltungslocation gemausert, aber ein Hauch von Unfertigkeit, Anarchie und ständigem Verändern liegt immer noch über dem Gelände.

Herzstück ist heute ein Biergarten, der auch die beste Gelegenheit bietet, Rumpfs Werke zu bestaunen. Feuerinstallationen, Wasserspiele und Fabeltiere aus Industriefundstücken bieten Abwechslung zwischen den Holztischen. Weder in puncto Sitzgelegenheit noch bei den Sanitäranlagen darf viel Komfort erwartet werden, dafür entschädigt das Programm: An jedem zweiten Freitag im Monat ab dem späten Nachmittag sind hier zur »Freitagsbühne« eintrittsfrei Überraschungsbands zu Gast, manchmal gibt es einen Kurzfilm dazu. Außer House-Partyreihen haben mehrere Nischenfestivals in Odonien eine Heimat gefunden. Bekanntester Dauerbrenner ist »Robodonien«, bei dem internationale Künstler und Bastler ihre Kreationen an mechanischen und beweglichen Kunstwerken vorführen.

Odonien Freistaat für Kunst und Kultur · Do–Sa ab 17 Uhr, So ab 15 Uhr und zu Veranstaltungen (Biergarten) · www.odonien.de · Hornstraße 85 · 50823 Köln · Tel. 0221/972 70 09
S-Bahn-Haltestelle Nippes, S 6 und S 11, Haltestelle Liebigstraße, KVB-Bahn 5

48 Et Marmelädchen – fruchtiges Versuchslabor

Handgebackenes Brot mit selbst gekochter Marmelade aus Löwenzahnblüten für das Frühstück, würzige Samosas und Empanadas für den kleinen Hunger zwischendurch – auf der Fläche eines durchschnittlichen Kiosks im Herzen Ehrenfelds finden Leckermäuler bei Slavica te Kaat und Frank Judt Gaumenfreuden.

»Ich hatte immer eine Leidenschaft für das Kochen«, erzählt Slavica te Kaat. Als Flüchtling in Deutschland schlug die Maschinenbauerin aus Bosnien sich mit Jobs in Bäckereien durch, bis sie sich in die Selbstständigkeit stürzte. Gemeinsam mit ihrem Lebensgefährten Frank Judt und Tochter Bojana steht sie seitdem, sobald sie von den Kölner Wochenmärkten kommt, in dem 16 Quadratmeter großen Ladenlokal am Herd: Tochter Bojana brutzelt die Füllung für spanische Empanadas und indische Samosas und knetet Teig; an anderen Tagen kommen die Marmeladentöpfe zum Einsatz. Brotteig reift nachts, um auf den Wochenmärkten im transportablen Ofen fertig gebacken zu werden: Et Marmelädchen ist Küche, Verkaufsraum und Versuchslabor in einem.

▶ Ein Fachgeschäft anderer Geschmacksrichtung wenige Meter weiter ist das Fischgeschäft Duck (Landmannstraße 27).

Eilige Laufkunden holen sich bei Frank und Slavica selbst gebackene Kekse, Snacks und Kaffee »to go«. Für Neugierige bietet das Ladenlokal eine Entdeckungsreise: Auf den Regalen stapeln sich Gläser mit Marmeladenkombinationen: Klassisch wie Brombeere bis experimentierfreudig wie Birne-Ingwer; außerdem Pestos, Chutneys von Mango bis Stachelbeere und Experimente wie Birnen in Weizenkorn und Melonensirup oder in Zitronengelee eingelegte Früchte. Für jede Frucht, auch für Restbestände, findet sie noch Verwendung. »Ich habe gelernt, nichts wegzuwerfen«, erinnert sich Slavica te Kaat. Pragmatismus und Sparsamkeit sicherten ihr das Überleben im jugoslawischen Bürgerkrieg, in Köln helfen sie ihr beim kreativen Entwickeln neuer Rezepte von Aprikosen-Senf bis Koriander-Pesto.

Et Marmelädchen · Di–Fr 14.30–18.30 Uhr, Sa 10–17 Uhr sowie auf Märkten (Mi u. Sa Riehl, Fr Deutz, Do Niehl) · Subbelrather Straße 264/Ecke Landmannstraße · 50825 Köln · Tel. 0176/ 99 78 90 07 · http://et-marmelaedchen.jimdo.com · Subbelrather Straße/Gütel (KVB-Bahn 5, 13)

Alle Menschen HABEN DAS RECHT AUF Dummheit, ABER EINIGE missbrauchen DIESES Privileg
Chutney

49 Lilly Liebig Glasschmuck-werkstatt

Lilly Liebig wickelt Sprödes – nicht um den Finger, sondern um Stäbchen. Die gelernte Goldschmiedin fertigt in ihrer Ehrenfelder Ladenwerkstatt Schmuck auf traditionelle Art – und Glas ist ihre Faszination und Leidenschaft.

»Ich will alte Handwerke bewahren«, betont Lilly Liebig. Ihr Handwerk lernte die Goldschmiedin im bayrischen Kaufbeuren, aber »wenn man da aufgewachsen ist, muss man weg«, erinnert sie sich an den Geist der Sechzigerjahre. Köln, Rom und Tunesien sowie verschiedene Berufe waren die Stationen ihres Lebens; zum Glas kam sie zurück, als sie nach einem Unfall wieder mit dem Glaswickeln begann. Ihre alte Leidenschaft für die Glasbearbeitung, in der Goldschmiedinnenausbildung nur ein Nebenfach, war schnell wieder erwacht. Gleichzeitig erinnerte sie sich an ihre »Schätze«, Mengen selbst entworfener Glasperlen, die auf ihre Verarbeitung warteten, ein eigenes Ladengeschäft mit Werkstatt folgte.

Ihr wichtigstes Werkzeug ist heute ein Bunsenbrenner, um die farbigen Glasstangen zu erhitzen, die heißen Glasfäden wickelt sie um Stäbchen zur Perle. Inspiriert ist ihre Arbeit von dem traditionsreichen Gablonzer Glashandwerk in Böhmen. Böhmische Vertriebene brachten die Glaskunst in Liebigs bayrische Heimat Neugablonz bei Kaufbeuren.

Die unbegrenzten Möglichkeiten in Form und Farbe machen für Lilly Liebig die größte Faszination des Materials aus. Auf Wunsch fertigt sie individuelle Ketten, aber auch Armbänder und Ringe, am liebsten nach Vorlage eines guten Porträtfotos der beschenkten Person. Qualität, Individualität und Handarbeit haben ihren Preis: In den Filialen der angesagten Modeschmuckketten gibt es Billigeres – dafür sind Liebigs Stücke unverwechselbare Unikate. Kunden, die sich in ihren Räumen im Herzen Ehrenfelds umsehen, können nicht nur anprobieren, sondern ihr beim Anfertigen auch über die Schulter schauen. Verkaufen nicht nur als Tausch von Waren gegen Geld, sondern als Erlebnis – das ist ihr Credo.

Lilly Liebig Goldschmiedin/Glasschmuckdesign · Di–Fr 13–19 Uhr, Sa 11–16 Uhr
Glasstraße 72a · 50823 Köln · Tel. 0221/70 00 41 48 · www.lillyliebig-schmuck.de
Haltestelle Liebigstraße, KVB-Bahn 5

Kunst gegen Bares – das Original

50

Ist mein Sitznachbar ein Künstler oder ein Zuschauer? Wer ins Theater oder ins Varieté geht, weiß normalerweise, was er sehen will, und (meistens) auch, was es zu sehen gibt. Drama, Komödie oder einfach Quatsch. Kunst gegen Bares bietet dagegen Überraschungen, denn hier sitzen die Künstler im Publikum.

Wie sieht ein typischer Abend bei Kunst gegen Bares aus? Vielleicht so: Nach der Anmoderation von und Wortgefechten zwischen Gerd Buurmann, Hildegart Scholten oder manchmal Torsten Schlosser geht es los: Die (selbsternannten) Künstler, die sich entweder Wochen oder nur eine Stunde vorher angemeldet haben, werden von Buurmann und Scholten auf die Bühne gerufen: Das Klavier-Querflöte-Duo kämpft sich tapfer durch ein anspruchsvoll klingendes Stück des frühen 20. Jahrhunderts. Der spätpubertierende Neunzehnjährige will mit Zoten und Fäkalanekdoten der neue Mario Barth werden. Der türkischstämmige Stand-up-Comedian muss noch an seinen Nummern feilen. Sehen wir ihn bald im TV beim *Quatsch Comedy Club* oder bei *The Biggest Loser*? Das gemischte Duo, das seine Kunst als »Sprechduette« ankündigt, lässt Ernst Jandl und Heinz Erhardt im Grab jubilieren. Vielleicht verläuft der Abend aber auch ganz anders weil Jongleure oder ein A-Cappella-Chor auf ihre Chance warten.

Sicher ist nur der symbolische Eintrittspreis. Am Schluss entscheiden die Schweine: Alle Künstler erhalten ihr Sparschwein, das die Zuschauer nach ihrem Gutdünken füllen: Fünf Euro für die Sprechduette, zwei für das Musikduo? Der Künstler mit dem bestgefütterten Rüsseltier ist das »Kapitalistenschwein«. Soziale Gemüter seien beruhigt: Ein Schwein wird auf die Reise geschickt, dessen Inhalt an alle Künstler verteilt wird – ein »Kommunistenschwein« also.

▶ **Zur Stärkung vor dem Kunstgenuss bietet Strohhut's Eck (Venloer Straße / Ecke Ehrenfeldgürtel, neben der Filiale der beliebten Fast-Food-Kette) solides Frittenbudenfutter, Rievkooche und Hausmannskost.**

Kunst gegen Bares Artheater · Mo 20 Uhr · Ehrenfeldgürtel 127 · 50825 Köln
Tel. 0221/94 38 74 97 · www.kunstgegenbares.de · Haltestelle Venloer Straße/Gürtel, KVB-Bahn 3, 4, 13, Bahnhof Ehrenfeld, S-Bahn 12 und 13

51 Alte Musik in neuem Gewand – Konzerte im Zamus

Köln ist die Karnevalshochburg. Aber für den Titel »Hauptstadt der *Alten Musik« bedurfte es 1996 eines Artikels in der* New York Times. *Das 2012 gegründete Zentrum für Alte Musik Köln ist eigentlich ein Probenhaus für Profimusiker. Regelmäßig öffnet es sich auch dem Publikum.*

Mozart, Verdi, Wagner, Beethoven, Schumann, Schubert oder, für die ganz Kühnen, auch einmal Hindemith oder Strawinsky, durchsetzt mit Eigenkreationen des Dirigenten – das ist das typische Programm eines Klassik-Konzerts. Bach, Monteverdi, Vivaldi, Corelli – damit ist das Repertoire meist erschöpft, wenn es um Musik vor 1750 geht, also das, was Fachleute »Alte Musik« nennen. In Köln hat ihre Pflege eine gewisse Tradition, seit sich dort 1954 die »Capella Coloniensis« als Ensemble für alte Musik, gespielt auf historischen Instrumenten, gründete. Das Zentrum für Alte Musik Köln, kurz Zamus genannt, pflegt alte Musik seit 2012 in einem ehemaligen Industriegebäude auf dem Helios-Gelände.

Der Name lässt an öde Konzertbesuche im Sonntagskleidchen denken. Wenn das Zamus seine Türen zum »Sockenkonzert« öffnet, geht es dagegen erst einmal um lebensnahe Fragen, zum Beispiel: »Können Schlangen singen?« Lebende sicher nicht, die aus Holz und Blech schon. Die ungewöhnliche Klangfarbe eines uralten Bass-Blasinstruments namens »Serpent« (lat. für »Schlange«) zieht Kinder und Erwachsene gleichermaßen an. Werden die Jüngsten unruhig, dürfen sie im »Sockenkonzert« herumkrabbeln oder den Musikern auf die Pelle rücken. Publikumsnähe hat sich das Haus auf die Fahnen geschrieben: »Wir wollen alte Musik auf historischen Instrumenten niedrigschwellig präsentieren«, so Thomas Höft vom Zamus. Erläuterungen rund um Musik gehören auch bei den Veranstaltungen für Erwachsene dazu, gelegentlich ergänzt durch Körpererfahrungen: Als das Zamus ein Konzert dem Ländler widmete, stand eine Volkstanzgruppe auf der Bühne, das Publikum tanzte mit.

Zamus Zentrum für Alte Musik Köln · Heliosstraße 15 · 50825 Köln · Tel. 0221/98 74 73 79
www.zamus.de · Haltestelle Venloer Straße/Gürtel, KVB-Bahn 3, 4, 13

alceste

HENNES' FINEST™
TRADING COMPANY SINCE 2010

BLACK
WHITE
RED

Pfefferboutique Hennes' Finest

52

Ein Laden, der nur ein Produkt verkauft, noch dazu eines, das fast jede/r in der Küche hat – kann dies funktionieren? Es kann – wenn sich Qualität, Leidenschaft, Produktkenntnis und Verantwortungsbewusstsein verbinden. Drei ehemalige Kölner Sportstudenten zeigten, wie's geht.

»Kraftvolles Bouquet, fruchtiges Aroma, Spuren von Eukalyptus und Minze, gewachsen auf mineralhaltigem Lehmboden …« – ist die Rede von Wein? Keineswegs, die Delikatesse, deren Feinheiten Sebastian Brimmers, Martin Gompelmann und Bastian Stollwerk beschreiben, findet man in jedem Haushalt. Allerdings fristet Pfeffer in der deutschen Durchschnittsküche ein trauriges Dasein als Industrieprodukt. Bei Hennes' Finest gibt es nicht einen 08/15-Scharfmacher, sondern Piper Nigrum pur und mit vollem Aroma: Eine Sorte in drei Reifestadien, schwarz, weiß und rot. Echter Roter Pfeffer, erfahren Kunden, ist eine sensible Ware: Die ungeschälte, vollreife Beere ist fäulnisanfällig und benötigt eine sorgfältige Ernte. Aber auch schwarzen (unreif und getrocknet) und weißen Pfeffer (vollreif und geschält) ernten Farmer in Kambodscha von Hand.

Sebastian Brimmers lernte auf Reisen in Kambodscha einen Franzosen kennen, der dort eine Kooperative neu aufbaute. 20 Kilo Kampot-Pfeffer erwarb Brimmers kurzentschlossen und Hennes' Finest wurde 2010 geboren. Bald bekam das Ehrenfelder Ladenlokal eine Schwester in der Moltkestraße im Zentrum. Die Kunden sind finanzstarke Kochfans, aber zunehmend auch Slow-Food-Bewusste mit Sinn für Qualität und fairen Handel. Ein Fair-Trade-Siegel hat der Pfeffer nicht, aber ein Warencode verrät, welcher Farmer das eigene Korn angebaut hat.

Drei Accessoires führt Hennes' Finest mittlerweile, um das Gewürz würdig auf den Tisch zu bringen: Eine Pfeffermühle einer Schweizer Manufaktur, einen schwedischen Handmörser aus Gusseisen und eine winzige Reisemühle, um fade Restaurant-Menüs diskret aufzupeppen.

Hennes' Finest · Boutique Ehrenfeld · Do–Fr 14–19 Uhr, Sa 10–16 Uhr · Stammstraße 13
50823 Köln · Tel. 0221/16 81 63 64 · www.hennesfinest.com · Haltestelle Venloer Straße/Gürtel, KVB-Linie 3, 4, 13, und Bahnhof Ehrenfeld (S 12, S 13)

53

Helios-Braustelle

An Brauhäusern herrscht in Köln kein Mangel, aber in Kölns kleinster Brauerei kommt nicht nur das Bier aus eigener Herstellung, sogar das Brot ist ein Nebenprodukt des Gerstensafts. Auch wenn manche Bierspezialität mit Hibiskusblüten angesichts des Reinheitsgebots keine Chance hätte – Geschmackserlebnisse sind garantiert.

Altbier mitten in Köln nicht nur selbst zu brauen, sondern sogar auszuschenken, ist schon gewagt genug. Aber gewagt war auch schon Peter Essers Versuch, aus einer frisch geschlossenen Spelunke mit üblem Ruf eine originelle Location zu machen. »Ich will meinen eigenen Bierstil finden«, berichtet der gelernte Braumeister. So entschied er sich nach Jahren in größeren Kölner Brauhäusern, nicht nur die Brauerei, sondern auch den Ausschank, Küche und Rezepturen selbst in die Hand zu nehmen. Die unspektakuläre Einrichtung und der Braukessel an der Rückwand, der zehn Hektoliter fasst, zeigen vor allem: Hier geht es um das Bier.

▶ Wer neugierig ist, was in einem Brauhaus hinter den Kulissen passiert oder das eigene Hausbier brauen will, kann Peter Essers monatliche Brauseminare besuchen.

Essers Zugpferde sind die vier Hausmarken, Pink Panther, Wilde Wutz, Tripelbock und Schwarze Sieben. Ihr tierisches Pendant ist ohne Mühe vom rosa Panther bis zum Wildschweinkopf in der Dekoration wiederzufinden. Ein Ehrenfelder Alt ziert die Karte, auch das Helios Weizen gehört zu den Hausprodukten. Kölner Nektar mit regionalen Zutaten ist jedoch ein Affront gegen das deutsche Reinheitsgebot. Bierfreaks zählen zu den Stammkunden, aber auch Anwohner und Menschen, die einfach gerne deftig essen, gehören dazu. Wie das Bier sind auch die Speisen überwiegend selbst gemacht: »Wir haben keine Fritteuse und keine Mikrowelle«, betont Esser, »sondern machen vieles selber.« Dazu gehört sogar das Brot: Spezialität des Hauses ist Malztreberbrot, gebacken aus dem Malztreber, einem Brauereirückstand.

Helios-Braustelle · Mo–So 18–1 Uhr · Christianstraße 2 · 50825 Köln · Tel. 0221/285 69 32
www.braustelle.com · Haltestelle Leyendeckerstraße · KVB-Bahn 3 und 4

BRAUSTELLE
Helios
Kölns kleinste Brauerei

Wildnis rund um den Wassermannsee

54

Zugegeben, Köln hat lieblichere Ecken zum Spazierengehen. Aber der Kontrast zwischen dem Gewerbegebiet und der grünen Wildnis rund um den Wassermannsee ist so heftig, die Abgeschiedenheit gegenüber den Wohngebieten so still, dass ein Spaziergang dort wie ein Eintauchen in eine andere Welt erscheint.

Mehrere Wege führen zu der ehemaligen Kiesgrube aus den Zwanzigerjahren, an deren tiefstem Punkt heute noch der Wassermannsee liegt. Am spektakulärsten ist der Weg über die knallorangefarbene Belvederebrücke, eine rund 110 Meter lange Fußgänger- und Radfahrerbrücke, die seit 2010 Militärring und Bahngleise überwindet und so Müngersdorf mit Vogelsang verbindet. Die Verbindung durch die Brücke macht den Wassermannpark gleichzeitig zum Nebenarm des Äußeren Grüngürtels.

Hat man die Brücke passiert, führt der Weg an der Residenz der Baufirma Friedrich Wassermann AG vorbei zu einer Reihe Bronzereliefs, die die Geschichte des Geländes erzählen, die in den 1920er-Jahren begann. Damals förderte die Firma Wassermann hier Kies, Nebenprodukt war der Wassermannsee, der heute den tiefsten Punkt des Geländes bildet. Ihn erreicht man, vorbei an Reliefs, die überdimensionierte Frösche zeigen, über eine naturbelassene Wiese – fast gar nicht. Nachdem die Natur rund um den Baggersee sich jahrzehntelang ungestört entwickeln konnte, ließ man die Ufer zuwachsen, nur enge Pfade führen durch das Dickicht. Nur wenige Meter entfernt von Wohnsiedlung und Gewerbegebiet wähnt man sich in der tiefsten Eifel, einen Blick auf den See erhascht man nur durch grüne Vorhänge.

▶ Eine Filiale der Kaffeerösterei Heilandt (Girlitzweg 30) sorgt für ein wenig Heimeligkeit im sterilen Gewerbegebiet, leider nur Mo–Fr 8–14 Uhr.

In den zivilisierten Teil des Parks führt der Weg, wenn man sich am Froschrelief nach rechts wendet. Hier laden Liegestühle ein, die Parklandschaft mit Dünengräsern und Stegen zu genießen.

Triotop und Wassermannpark · Am Wassermann 40 · 50829 Köln · www.triotop-koeln.de
Haltestelle Müngersdorf Technologiepark, S12, S13 und Bus 140

55 Törtchen, Törtchen

»Warten auf Godot« als Törtchen? Ob Samuel Beckett dabei an Estragon-Mousse und Rhabarber-Kompott dachte? Wer es klassisch mag, findet in der Konditorei Macarons und französische Patisserie-Kunst.

Diese Kölner Marktlücke füllten die beiden Firmengründer, als sie 2005 eine Geschäftsidee für Köln suchten und verfolgten: Künstliche Aromen sind bei Törtchen Törtchen ebenso tabu wie Konservierungsstoffe. Dafür kommt Regionales und fair Gehandeltes ins Backwerk, das seit 2009 der Gault-Millau-gekrönte Matthias Ludwigs schafft. Die Azubi-Kreationen laufen unter dem Namen »Der ganze Stolz des A-Teams«.

Törtchen Törtchen · Mo–Fr 11–18 Uhr, Sa 10–17 Uhr, So 13–17 Uhr · Steinbergerstraße 5
50733 Köln ·Tel. 0221/170 71 08 · Läden in der Apostelnstraße und der Alten Wallgassse
www.toertchentoertchen.de · Haltestelle Florastraße, KVB-Bahn 12 und 15

56 Unterirdische Heimatklänge

Das Hirschmotiv gilt als Inbegriff deutschen Wohnzimmerkitsches, von dem die Kellerkneipe, die William Blask und Morten Sommer 2011 eröffneten, einige Versatzstücke präsentiert. Das Kommen und Gehen ist jedoch zumindest auf der Bühne international. Weil Blask jahrzehntelang als Konzertorganisator arbeitete, wirken seine Connections auch im Heimathirsch nach. Mittwochs spielen Künstler aus Irland und den USA für kleines Geld in der Reihe »Aufgegabelt«. Am letzten Donnerstag im Monat geht es beim »Juxmix« zum Lachen in den Keller, wenn der Comedian Keirut Wenzel Newcomer und Altgediente des Kabaretts präsentiert. Kneipenquiz ist immer am ersten Donnerstag im Monat.

Heimathirsch · Mo–Sa ab 21 Uhr, bei Veranstaltungen ab 19.30 Uhr · Mauenheimer Straße 4
Tel. 0221/16 91 78 00 · www.heimathirsch.com · Haltestelle Florastraße, KVB-Bahn 12, 15

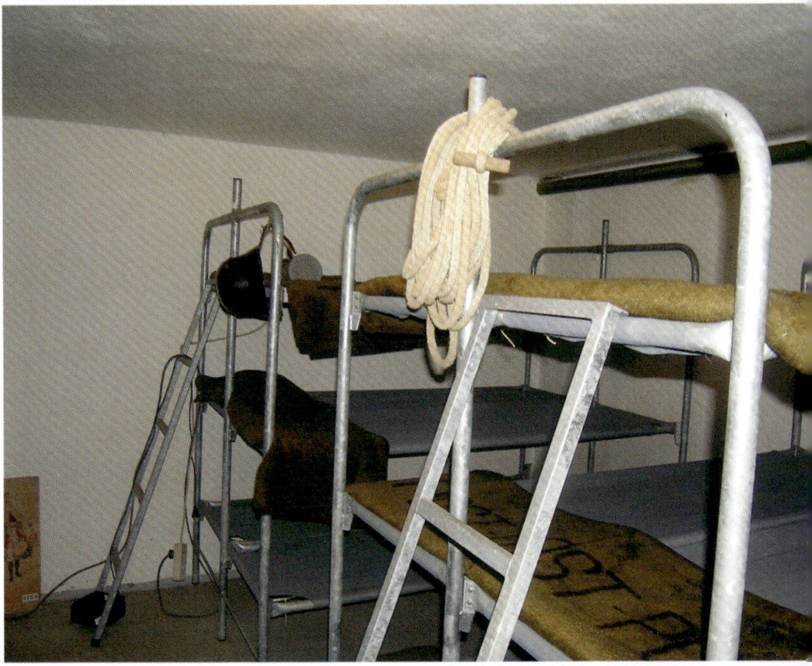

Das Bunkermuseum – Reise in die dunkelste Zeit

Wohin soll man sich in einem Bunker abseilen? Wie orientierte man sich, wenn das elektrische Licht ausfiel? Alte Bunker aus dem Zweiten Weltkrieg gibt es auch in Köln reichlich. Der mit vielen Originalen ausgestattete ehemalige Bunker des Reichsbahnausbesserungswerks nimmt Besucher mit auf eine Zeitreise.

Nur ein Betonschacht, verschlossen durch eine Stahltür voller Graffiti und eine verblasste Aufschrift, weist auf einem Spiel- und Sportplatz in Nippes auf den Zugang zum alten Bunker der Werksfeuerwehr des Reichsbahnausbesserungswerks Nippes hin. Das ehemalige Werksgelände ist heute ein Wohngebiet, aber unter der Erde wartet eine düstere Welt.

Anwohner hatten in diesem Bunker nichts zu suchen, hier waren Fernmeldetechnik, ein Arzt, der Luftschutzleiter und die Werksfeuerwehr des Ausbesserungswerks untergebracht. Hier wurden Bombenmeldungen angenommen, um Lokführer zu warnen und Ladungen zu sichern. Im ehemaligen Fernmelderaum erinnern Wählscheibentelefone, ein Funkgerät und ein Feldtelefon, liebevoll »Ackerschnacker« genannt, an die damalige Kommunikationstechnik. Die Spinde im ehemaligen Schlafraum für 18 Feuerwehrleute mit dreistöckigen Etagenbetten zieren statt Pin-ups ein »Starschnitt« von Lilian Harvey und Propagandaplakate.

Kriegsnostalgie? Fehlanzeige: Beim Anblick der Kindergasmasken ist es damit schnell vorbei. Auch die »Notbeleuchtung«, bestehend aus Phosphorfarbstreifen, die nachglimmten, wenn das Licht ausging, lässt die Gefahren ahnen, denen Menschen hier ausgesetzt waren. Und wohin seilt man sich in einem Bunker ab? Seile dienten bei Stromausfall zur Orientierung, um den Weg nach draußen zu finden. Gruseliges Highlight ist der sogenannte Trefferraum, in den am 21. Dezember 1944 eine Bombe einschlug. Trotz aller Beklemmungen: Eine »Zeitkapsel« mit einem Stück Geschichte zum Anfassen zu schaffen, das ist der »Arbeitsgemeinschaft Festung Köln e.V.«, die den Bunker betreut, gelungen.

Bunkermuseum am Nordende der Wagenhallenstraße · jeden 2. Sonntag im Monat 10–16 Uhr
www.ag-festung-koeln.de · S-Bahn-Haltestelle Nippes, S-Bahn 6, 11, Bus 127, 142

58 Weinberge über den Dächern von Köln

Weinberge gab es im mittelalterlichen Köln noch reichlich. Dass es heute wieder mindestens einen gibt, ist der Weinhandlung Wittling zu verdanken. Seit 2003 hat der Familienbetrieb einen Weinberg auf dem eigenen Dach, seit 2010 liefert ein Museum rund um den Rebensaft den theoretischen Hintergrund.

Das Sortiment des Kölner Weindepots ist Kennern schon einen eigenen Rundgang wert, aber im Obergeschoss der Weinhandlung geht es um die Kulturgeschichte des Rebensafts. Amphoren und eine Nachbildung eines römischen Reliefs empfangen die Besucher und erinnern an die Besatzer, die den Wein an den Rhein brachten. Für das mittelalterliche Köln sind Weinberge an der Ulrepforte, am Kartäuserhof und an weiteren Orten der heutigen Altstadt dokumentiert. Erst als in der Neuzeit die Qualität von Bier und Trinkwasser besser wurde, erlebte der Kölner Weinanbau seinen Niedergang. Die Preußen machten ihm im 19. Jahrhundert endgültig den Garaus, weil die Anbauflächen für Getreide reserviert wurden.

Diese Hintergründe vermitteln Bildschirme und Texttafeln, Blickfang sind die Exponate: Eine Flaschenbatterie reicht vom winzigen Piccolo über die schon beeindruckende Doppelmagnum (3 Liter) bis zum monströsen Nebukadnezar (15 Liter). Erdreliefs machen anschaulich, wie sich die Zusammensetzung der Böden in den wichtigsten deutschen Weinbaugebieten unterscheidet und die Eigenschaften der Rebsorten beeinflusst, je nach Kalk- oder Schiefergehalt. Pressen und Keltergeräte bis zum Kieselguranschwemmfilter, Korkmaschinen und Flaschenspüler lassen ahnen, wie viel Know-how Winzer schon vor Jahrhunderten brauchten. Alte Fotos, Stiche und Gemälde zeigen die fröhlichen Konsumenten des Weins, seltener die harte Arbeit bei der Weinlese. In den kultivierten Genuss führen die unterschiedlichen Glasformen ein. Das Highlight des Museums befindet sich auf dem Dach: Hier lässt sich zwischen 720 Rebstöcken mit 40 Rebsorten, von Syrah bis Aragonez, spazieren und den Blick über Köln genießen.

Weinmuseum Köln · 1. Okt.–30. Nov. Di–Do 13–17 Uhr, 1. Feb.–30.Sept. 13–18 Uhr
Amsterdamer Straße 1 · 50668 Köln · Tel. 0221/972 30 69 · www.weinmuseum.org
Haltestelle Reichensperger Platz, KVB-Bahn 16, 18

59 Biergarten im alten Schwimmbad

Eigentlich ist dieser Biergarten nichts Besonderes – was ihn wieder besonders macht, weil er einfach das bietet, was ein Biergarten haben sollte: Sonne, Rheinblick, entspannte Atmosphäre und solide Ausflüglerkost. Ein Stück Geschichte ist mit dabei, denn dieser Biergarten befindet sich auf dem Gelände eines ehemaligen Freibads.

Eine Gourmetküche darf niemand erwarten, der hier nach einem Rheinspaziergang oder einer Fahrradtour einkehrt. Es gibt Schnitzel, Chili und eine Tagessuppe. Wer keine lange Wartezeit will, verzichtet sowieso darauf, sich bedienen zu lassen und holt sich Currywurst oder Bockwurst von der Imbissausgabe selber ab, ebenso wie die Getränke. Der Dauerbrenner als Knabberei beim Public Viewing anlässlich EM- oder WM-Spielen oder als Snack nach der Radtour sind ohnehin die Pommes frites oder Potato Wedges aus der großen Schüssel, sodass nicht nur Kinder Etikette mal

eben vergessen können. Die Getränkekarte bietet neben Kölsch auch Bierspezialitäten wie Berliner Weiße; Kinder bekommen ihre Fanta, Wasser oder Apfelschorle auf Wunsch in kleineren Gläsern zum kleineren Preis. So gesättigt müssen sie nicht bei Mama und Papa am Tisch kleben, sondern können den Spielplatz stürmen, wo die Eltern sie immer im Blick haben.

In der heutigen Ausflügleridylle planschten einst Badegäste, denn es war ursprünglich ein Freibad, woran noch die knallblau gestrichenen Wände denken lassen. Bereits 1902 öffnete in Riehl ein Schwimmbad unter dem schönen Namen »Schwimm-, Licht-, Luft- und Sonnenbad« seine Tore, in den Zwanzigerjahren wurde es im Zuge des Mülheimer Brückenbaus an seinen heutigen Standort verlegt. Nach dem Krieg wurde es 1950 wieder eröffnet, 1960 übernahm die Stadt Köln das vormalige Privatbad. 1986 wurde der Badebetrieb eingestellt, 1996 eröffnet der Biergarten in einem Wirtschaftsgebäude aus den Siebzigerjahren.

▶ **Wer trotzdem ins kühle Nass will, kann das Freibad Lentpark mit Naturbadeteich (Lentstraße 30) aufsuchen.**

Biergarten Altes Schwimmbad · Mo–Sa ab 12, So und feiertags ab 11 Uhr · An der Schanz 2a 50735 Köln · Tel. 0221/760 28 43 · www.koeln-biergarten.de · Haltestelle Boltensternstraße KVB-Bahn 18

60 Altes Palais in neuem Glanz

Der Botanische Garten und das dazugehörige Veranstaltungshaus, die Flora, lieferten bereits die malerische Kulisse zu unzähligen Hochzeitsfotos. Seit die Flora, erst von der Schließung bedroht, saniert wurde und ihre ursprüngliche Dachkonstruktion zurückbekam, erhielt Köln ein architektonisches Highlight zurück.

Für Erholung, Blütenpracht und sogar ein wenig Bildung stand und steht der Botanische Garten am Alten Stammheimer Weg schon seit seiner Eröffnung 1864. Damals gründeten selbstbewusste Bürger die »Actien-Gesellschaft zur Anlage eines Botanischen Zier- und Lustgartens«, um zu zeigen, dass ihre Stadt sich eine Erholungs- und Bildungseinrichtung leisten konnte. Heute sind eintrittsfrei 10 000 Pflanzen zu bewundern, Highlight ist die Ausstellung von rund 150 Kameliensorten im Frühjahr; den Dahlien gehören Hochsommer und Frühherbst. Im Tropenhaus erfahren Kinder, dass Ananas, Kakao und Vanille nicht im Supermarkt wachsen. Das Wüstenhaus zeigt, wie unter sengender Sonne noch Leben überdauert, aber die meisten Bürger zieht es bei gutem Wetter einfach in die Zier- und Nutzgärten.

▶ Das Team der Flora bietet regelmäßig gegen Entgelt Themenführungen, die auch für Kinder interessant sind, zum Beispiel rund um die Pflanzenwelt der Dinosaurier.

Im Zentrum des Botanischen Gartens steht ein Gebäude, mit dem die Kölner im 19. Jahrhundert zeigen wollten, dass sie sich mit Metropolen messen konnten. Der Londoner Glaspalast zur Weltausstellung 1851 stand Pate bei den Entwürfen von Max Nohl und Joseph Felten. Geplant als palastähnlicher Wintergarten diente die Flora im 19. Jahrhundert als Veranstaltungsort. Allerdings hatte man die im Krieg zerstörten Glasgewölbe durch ein pragmatisches Walmdach ersetzt. 2009 schloss die Flora für eine Generalüberholung, bei der sie ihre ursprüngliche Glaskonstruktion zurückerhielt. Sogar für altgediente Kölner war die Neueröffnung im Juni 2014 Grund genug, Park und Flora neu zu entdecken.

Botanischer Garten · 8–Sonnenuntergang, maximal 21 Uhr, Gewächshäuser 10–16 Uhr, im Sommer 10–18 Uhr · Alter Stammheimer Weg · www.freundeskreis-flora-koeln.de
Haltestelle Zoo/Flora, KVB-Bahn 18

Flora
Flora

Rheinisches Industriebahn-Museum

61

Erklimmt man eine Treppe in einer Eisenbahnunterführung in Longerich, gelangt man in die Welt der Loks. Auf dem Gelände des ehemaligen »Bahnbetriebswerk Cöln-Nippes«, wie es zu Kaisers Zeiten hieß, kümmert sich ein kleiner Verein liebevoll um alte Lokomotiven, Waggons und alles, was sonst noch auf Schienen fuhr.

Es heißt Rheinisches Industriebahn-Museum, aber Vitrinen und Absperrungen sucht man vergeblich. Feste Schuhe sind nötig, weil der Weg zur alten Wartungshalle über Gleisbetten führt, obwohl eine kleine Feldbahn als Shuttle die Besucher am Eingang abholt.

Auch in der 1914 errichteten Halle gibt es Eisenbahn zum Anfassen. Herumstehende Werkzeuge zeigen, dass hier noch viel zu tun ist, weil die Mitglieder des Rheinische[n] Industriebahn- Museum[s] Köln e.V. die Sammlung alter Loks und Waggons in Eigenarbeit restaurieren und warten.

Die Ausstellungstücke selbst stammen aus Schenkungen oder aus dem Fundus des aufgelösten Bahnbetriebswerks. Noch oder wieder betriebsfähige Bahnen, Waggons und sonstige Schienenfahrzeuge bleiben nicht als Museumsstücke. Feldbahnen tuckern über das Gelände, Besucher können bei den Museumstagen – einmal monatlich sonntags sowie zu speziellen Anlässen – im Führerstand einer Diesellok (eine Henschel DH440) mitfahren. Sportliche treten auf einem alten Schienenfahrrad, besser bekannt als Draisine, in die Pedale. Die Gleise sind seit 1996 ebenso denkmalgeschützt wie alle Aufbauten des Bahnbetriebswerks der »Königlich Preußischen Staatseisenbahn«, die der Verein 1992 übernahm. Regelmäßig, zum Beispiel zu Silvester, heißt es »hinaus auf die Schiene«, und der Verein bietet die Möglichkeit, in einem der historischen Waggons, zum Beispiel einem Salonwagen des »Rheingold« von 1928, ins neue Jahr zu fahren.

▶ **An der Haltestelle Wilhelm-Sollmann-Straße (KVB-Bahn 12 und 15) aussteigen und den Hinweg mit einem Spaziergang durch das Naturschutzgebiet Ginsterpfad verbinden.**

Rheinisches Industriebahn-Museum · Bahnunterführung Höhe Longericher Straße 249
www.rimkoeln.de · Haltestelle Meerfeldstraße, KVB-Bahn 15 (von dort ca. 15 Minuten Fußweg),
Bus 121, Haltestelle Dädalusweg

62 Simultanhalle – Raum für zeitgenössische Kunst

1979 ließen die Architekten Peter Busmann und Godfrid Haberer in Volkhoven-Weiler ein Gebäude errichten, das als Modell eines Gebäudemoduls für das spätere Museum Ludwig gedacht war. Dank einer Künstlerin und eines Fördervereins dient es heute noch als Ausstellungsraum für zeitgenössische Kunst.

Nichts ist dauerhafter als ein Provisorium – ein stichhaltiger Beleg für diese Weisheit ist die Simultanhalle in Volkhoven-Weiler. Es gibt eigentlich keinen Grund, hier zwischen Einfamilienhäusern, S-Bahn und den Büros des Verfassungsschutzes moderne Kunst zu vermuten. 1979 entstand der schlichte Bau im Hinterhof einer ehemaligen Grundschule als Prototyp für das 1986 eröffnete Museum Ludwig, dessen charakteristisches Sheddach auch der Laie sofort erkennt. Lichtführung, Wandverkleidung und Bodenbeläge wollten die Architekten hier unter realistischen Bedingungen auf ihre Wirkung testen. 1983 rettete die Künstlerin Eva Janoskova, die auf dem Gelände ihr eigenes Atelier hatte, das mittlerweile ausgediente Modell vor dem Abriss, indem sie dort Ausstellungen für Künstlerkollegen organisierte. So manche Kunstliebhaber erinnern sich noch schmunzelnd an die Eröffnung des (fiktiven) »Klaus Peter Schnüttger-Webs Museum« 1986, zeitgleich zur Eröffnung des Museum Ludwig.

▶ Physischen Hunger nach dem Kulturhunger stillt Café Bar Bausch (Dresenhofweg 51), Volkhovens Veedelskneipe.

Der Charakter des Hauses als Provisorium prägt die Ausstellungen heute noch. Es gibt ausschließlich Zeitgenössisches zu sehen, während »das Ludwig« klassische Moderne und Etabliertes zeigt. Das Museum Ludwig ist Teil des Kulturensembles von Dom und Philharmonie, die Simultanhalle wird ein Exot in ihrem Umfeld bleiben. Auf den musealen Raum ist die Kunst dort dennoch nicht beschränkt: 2011 schickten Lenka Clayton und Michael Crowe im Rahmen ihres Kunstprojekts 434 Briefe, »Mysterious Letters«, an Volkhovens Einwohner.

Simultanhalle · Raum für zeitgenössische Kunst · bei Ausstellungen geöffnet Sa/So 14–18 Uhr
Volkhovener Weg 209–211 · 50765 Köln · www.simultanhalle.de
Haltestelle Volkhovener Weg, S-Bahn 11

Kölns Tiefpunkt – einst Schlachtfeld, heute Idylle

63

Nur wenige Fußminuten von der S-Bahn-Haltestelle Köln-Worringen entfernt beginnt eine andere Welt: Auf 164 Hektar Fläche finden Wanderer im Worringer Bruch die unterschiedlichsten Landschaftstypen, vom Sumpf bis zum Auenwald und mehrere bedrohte Tier- und Pflanzenarten. Gleichzeitig ist es ein geschichtsträchtiger Ort.

Kaum hat man, von der S-Bahn kommend und die Hochhäuser von Roggendorf im Rücken, den Senfweg betreten, ist die Natur der Hauptdarsteller. An feuchtwarmen Sommertagen knackt es manchmal unter den Schuhsohlen, wenn unvorsichtige Jungfrösche den Weg in Scharen kreuzen. Rechts und links des Fußwegs wartet eine Sumpflandschaft, die jedem Abenteuerfilm gut zu Gesicht stehen würde. Abgebrochene Baumstümpfe ragen wie Pilze aus dem Wasser. Schilf und Entengrütze beherrschen das Wasser, die morastigen Ufer laden nicht zum Baden ein – ein Segen für die Natur, die sich hier nicht idyllisch präsentiert. Nur wenige Pfade erschließen das Dickicht, damit bedrohte Tierarten wie der Nördliche Kammmolch oder die Waldohreule ihre Ruhe haben. Ein Teil wird als Naturwaldzelle seit einigen Jahren von allen menschlichen Eingriffen freigehalten.

▶ Das Kölner Grünflächenamt bietet regelmäßig kostenlose Führungen durch das Bruch, geleitet von einem Mitarbeiter der Forstverwaltung, an.

Das Sumpf- und Waldgebiet umschließt in Hufeisenform eine Kulturlandschaft mit Weiden und Ackerbau. Seine Form gibt ihm der Verlauf eines rund 8000 Jahre alten Rheinarms, Wasser bringt der Pletschbach, der jenseits der Neusser Landstraße in den Rhein mündet. Das Naturschutzgebiet, mit 37,5 Metern Höhe über dem Meeresspiegel der tiefste Punkt Kölns, ist geschichtsträchtiger Boden. 1288 tobte auf der Fühlinger Heide und rund um das Bruch die schicksalhafte Schlacht von Worringen, die Köln zur freien Reichsstadt machte. Auf dem St. Tönnis-Platz in Worringen erinnert seit 1988 ein Mahnmal des Bildhauers Hilarius Schwartz an die fest im kollektiven Gedächtnis verankerte Schlacht.

Naturschutzgebiet Worringer Bruch · Tel. 0221/22 12 25 72
Haltestelle Köln-Worringen, S-Bahn 11, Bus 120

64 Seenplatte vor Kölns Toren

Niemand muss von Köln bis Mecklenburg-Vorpommern reisen, um eine Seenplatte zu sehen. Die Kiesbaggerei hat dem Kölner Norden ausgedehnte Wasserflächen beschert. Von Esch bis Pulheim zieht sich eine Kette von fünf Seen, die, vom Strandbad bis zum Naturschutzgebiet, unterschiedlich genutzt werden.

Die Kiesbaggerei hat in den Sechziger- und Siebzigerjahren ihre Spuren hinterlassen. Mittlerweile hat sich am zweigeteilten Escher See an der nördlichen Hälfte mit »Sundown Beach« ein Strandbad mit Cocktailbar etabliert, aber an der südlichen Hälfte holt sich die Natur die Ufer zurück. Steile Böschungen sorgen dafür, dass Tiere und Pflanzen ihre Ruhe haben, aber Sonnenaufgänge lassen sich auf einem eigenen Aussichtspunkt genießen.

Am nächstgelegenen Pescher See bietet eine kleine Insel Wasservögeln Rückzug, ansonsten ist der See bei Anglern beliebt. Am Stöckheimer See

liegt mit dem Stöckheimer Hof eine der ältesten Wohn- und Hofanlagen der Gegend, die auch heute wieder als Wohnanlage genutzt wird. Der Stöckheimer See gehört ansonsten bereits dem Naturschutz, ebenso wie das eigentliche Kleinod, die benachbarte Baadenberger Senke. Der abschließende Pulheimer See gehört wieder der Freizeitnutzung durch Segler und Angler, ist aber nicht öffentlich zugänglich.

Entdecken lässt sich das Gelände am besten entlang eines Teilstücks der Wanderroute des »KölnPfads«, das zwischen Escher, Pescher und Stöckheimer See verläuft. Naturhungrige finden am Rande Pulheims noch das Naturschutzgebiet Orrer Wald, an dessen Nordrand sich das Rittergut Orr mit Park befindet, das von Neueigentümer und Förderverein nach langem Leerstand wieder nutzbar gemacht wird. Vom Orrer Wald ist das Dörfchen Auweiler genau zwischen Pescher und Stöckheimer See leicht zu erreichen, in der Pohlhofschänke (Pohlhofstraße 13) gibt es die Möglichkeit, im Ambiente eines Gutshofes aus dem 19. Jahrhundert einzukehren.

▶ **Bei voll besetztem Pohlhof lässt sich in Auweiler auch im Gasthof Laternchen (Pescher Straße 1) einkehren.**

Stöckheimer Seenplatte · Haltestelle Volkhoven-Weiler, S11 (Escher See) oder Longericher Straße, Bus 127 (Baadenberger Senke)

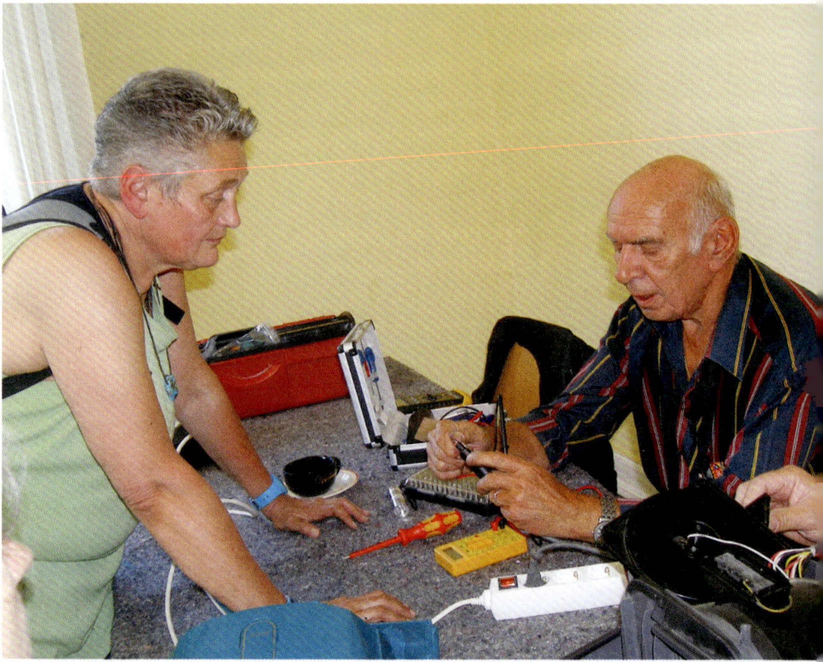

E120

65

Wegwerfen? Nein danke!

Fahrradschläuche flickt man vielleicht noch, aber was wird heute sonst noch wirklich repariert? Oft ist es günstiger, ein neues Gerät anzuschaffen. Diese Wegwerfmentalität war auch Dagmar Langel und ihren Freunden ein Dorn im Auge. Dem Unmut ließen sie Taten folgen, als sie das Reparaturcafé im Bürgerzentrum gründeten.

Jörg Hancke bastelt nicht nur einmal monatlich im Engelshof an alten Stereoanlagen oder Kaffeemaschinen. Auch zu Hause schraubt der gelernte Schlossermeister alles auseinander, um zu sehen, wie die Geräte wieder ans Laufen zu bringen sind. Wenn er einmal monatlich seinen Sonntag opfert, tut er dies für Gotteslohn. Hancke gehört zu dem Team von Fachleuten und kundigen Laien, die in einem Nebenraum des Engelshofs ihre Dienste anbieten. Während Hancke an einem CD-Player bastelt, nimmt am Nebentisch ein älterer Herr einen Staubsauger auseinander, am nächsten Tisch wird ein Stuhlbein angeleimt. IT-Spezialisten und gelernte Handwerker basteln hier, aber auch nähmaschinenkundige Hausfrauen, schließlich muss auch einmal ein Kleidungsstück geflickt werden. »Die Leute kommen mit Sachen, die richtig kaputt sind, oft sind wir die letzte Hoffnung«, weiß Dagmar Langel, Gründerin des Reparaturcafés. Allerdings kann sich niemand entspannt zurücklehnen und die ehrenamtlichen Helfer arbeiten lassen. »Wir erwarten, dass sich die Leute beteiligen und auch mal etwas aufschrauben und mitgucken«, betont Langel.

▶ Um sich vor oder nach dem Reparieren zu stärken, lässt sich in der hauseigenen Gastronomie Gastwerk im Engelshof von 10 bis 15 Uhr frühstücken.

Nachhaltigkeit und bewusster Umgang mit Ressourcen sind das Ziel, aber auch Wertschätzung für Fachkenntnisse. Vorreiter und Vorbild war das niederländische »repair manifesto«. Garantien auf die Reparatur gibt es nicht, dafür Einblicke in das Innenleben der Geräte, die Erkenntnis »das ist ja gar nicht so schwer«, ein wenig Spaß und Waffeln gegen eine Spende.

Reparaturcafé im Bürgerzentrum Engelshof · Dritter Sonntag im Monat 10–15 Uhr · Oberstr. 96
51149 Köln · www.repair-cafe.npage.de · Haltestelle Westhoven Berliner Straße, KVB-Bahn 7

66 Kunst im Zündorfer Wehrturm

Zündorf mit seinen Fachwerkhäusern und engen Gassen wirkt eher wie ein mittelalterliches Dorf denn wie ein Vorort Kölns. Moderne Kunst vermutet man hier nicht, findet sie aber hinter meterdicken Mauern in einem Wehrturm, der an die glorreiche Vergangenheit des ehemals wohlhabenden Ortes erinnert.

Einen Meter zwanzig dick sind die Wände des groben Gesellen, der trotzig zwischen den Pseudo-Backsteinmietshäusern des späten 20. Jahrhunderts seinen Platz behauptet hat. Seit dem 12. Jahrhundert bot er den Herren von Zündorf Schutz, falls es einmal kriegerisch wurde. Vielleicht wurden hier auch den Kaufleuten, die in Zündorf ihre Waren auf den Landweg umluden, um das Kölner Stapelrecht zu umgehen, Im Namen der Herzöge von Berg Zölle abgepresst.

▶ Ausflugslokale mit kölscher Küche gibt es in Zündorf reichlich. Pastis Bacchus (Kirchstraße 2) bietet dagegen afrikanische Kost.

1972 kam das Zündorfer Wahrzeichen in den Besitz der damaligen Stadt Porz, die ihn als Heimatmuseum nutzte. Nach der Eingemeindung von Porz nach Köln 1975 baute kein Geringerer als der renommierte Gottfried Böhm den Turm mit einer Betontreppenkonstruktion aus, die zumindest Architekturfans gelungen finden. Nach einem kurzen Intermezzo als Außenstelle des Kölnischen Stadtmuseums kümmert sich seit 1993 ein Förderverein um ein Ausstellungsprogramm.

Ein gefälliges Museum mit idealer Lichtführung und neutralen Wänden sieht anders aus. Über neun Ebenen windet sich Böhms Treppenkonstruktion durch den Turm und schafft eigenwillige Lichtverhältnisse. Dennoch lieben Künstler die Herausforderung, den Turm zu bestücken. »Die Künstler sind begeistert, das ist hier etwas anderes, als wenn es nur ein einheitlicher großer Raum ist«, weiß Heidi Schulte-Carstens, Geschäftsführerin des Fördervereins. Die Vitrinen des ehemaligen Heimatmuseums geben weiteren Raum, um Werke effektvoll zu inszenieren.

Museum Zündorfer Wehrturm · Mi und Sa 15–18 Uhr, So 14–18 Uhr · Hauptstraße 181
51143 Köln-Porz · Tel. 02203/575 76 09 · www.museum-zuendorfer-wehrturm.de
Haltestelle Zündorf, KVB-Bahn 7

RESTAURANT
Turmhof
Kölnisches Stadtmuseum
Zündorfer Wehrturm

Overwyk

Die Groov und Zündorfer Altstadt

67

Ein Stück grüne Lunge am Rhein, Minigolf, Tretbootfahren, eine Fähre, jede Menge Ausflugslokale und Rheinblick – was gibt es beim Stichwort »Groov« noch hinzuzufügen? Das Ensemble von Kunst, Natur und Geschichte macht diese Halbinsel vor Zündorf zu mehr als einem 08/15-Naherholungsgebiet.

Die Fontäne, die den Blick aller Besucher erst einmal auf sich zieht, sieht nicht nur malerisch aus, sie dient auch dem Zweck, das ansonsten wohl ziemlich abgestandene Wasser im alten Rheinarm mit Sauerstoff zu versorgen. Überquert man, vorbei am Standbild des Heiligen Nepomuk, die Brücke, betritt man eine grüne Oase mit Wanderwegen und einem kleinen Yachthafen. Ihr parkähnliches Aussehen erhielt die Halbinsel erst in den letzten Jahrzehnten. Ihr Ursprung war eine Kiesbank, die Zündorf schon im Mittelalter einen Hafen bescherte – zum Ärger der Kölner und zur Freude reisender Kaufleute. Diese verdonnerte das Kölner Stapelrecht dazu, ihre Ware in Köln anzubieten.

Wo heute Ausflugslokale auf Gäste warten, muss jahrhundertelang reges Treiben von anlegenden Schiffen und Pferdefuhrwerken geherrscht haben, denn hier verluden die Kaufleute ihre Ware auf Karren und transportierten sie bis Köln-Mülheim, vorbei an den raffgierigen Kölnern. Als das Stapelrecht aufgehoben wurde und der Hafen infolge Befestigungen verlandete, verkam der Rheinarm zur Kloake, bis die Kanalisation verbessert und die Halbinsel als Freizeitanlage hergerichtet wurde.

▶ Nicht zu übersehen ist die erhöht gelegene romanische Kirche St. Michael mit Ursprüngen im 11. Jahrhundert. Sie zeugt vom ehemaligen Zündorfer Wohlstand.

Heute spiegeln Zündorfs Fachwerkhäuser den einstigen Wohlstand des über 1000 Jahre alten Ortes wider. Dass Kunstfreunde ihren Weg hierhin finden, davon zeugt nicht nur der Zündorfer Wehrturm (Nr. 66), der sich als Ausstellungsort behauptet, auch die Galerie im alten Kloster (Gütergasse 33) bietet Kunst im historischen Ambiente.

Die Halbinsel Groov und Zündorfer Altstadt · Haltestelle Zündorf, KVB-Bahn 7

68 Über die Südbrücke auf Kölns größte Spielwiese

Wo gibt es in einer Stadt mit engen Straßen noch Platz und Weite? Weil der Rhein Überflutungsraum braucht, findet man beides auf den Poller Wiesen. Neben dem Stadtpanorama ist der schönste Weg auf die – je nach Einstellung - »richtige« Rheinseite über die altertümliche Südbrücke zu Fuß oder per Fahrrad schon ein Erlebnis.

Wer einen wirklich exklusiven Ort zum Anbringen eines Liebesschlosses sucht, ist im Süden Kölns besser bedient: Das Geländer des Stahlfachwerkbaus der Südbrücke bietet etwas, was in Köln nicht nur auf der Hohenzollernbrücke rar ist, nämlich Platz. Ansonsten ist es bereits ein Erlebnis, das Fahrrad die Treppentürme des neuromanischen Baus hochzuschieben. Oben angekommen lässt sich, ohne Autoverkehr, nur in der Gesellschaft von Fußgängern und gelegentlichen Güterzügen, der Blick auf den Rhein und das Panorama mit Kranhäusern und Speicherhäusern genießen. Auch wenn die 1910 fertiggestellte Brücke im Zweiten Weltkrieg stark zerstört und die Treppentürme in ihrer neuromanischen Pracht mit einem Schuss Art déco nur teilweise wieder aufgebaut wurden, lassen sie noch etwas vom Aufwand ahnen.

▶ Wer zwischendurch Lust auf Kaffee statt rheingekühltes Bier bekommt, kann im Café Wiesenhaus (Weidenweg 100) einkehren.

Im Schatten der Brücke lagern an sonnigen Sonntagvormittagen gelegentlich übrig gebliebene Feiernde bei einer After Hour, bemühen sich um letzte schlaftrunkene Tanzschritte und zeigen vor allem eins: Weil Platz hier reichlich vorhanden ist, kann hier fast jeder tun, was er will, ohne Mitmenschen ernsthaft zu stören. Drachen können steigen, Techno-Bässe können wummern, Grillrauchschwaden können wabern, Frisbeescheiben können sirren. Wer für die sportliche Betätigung trotzdem Beton braucht, kann auf der linken Rheinseite am Fuß des Brückenkopfs die Skateplaza aufsuchen. Das Platzangebot wussten auch Top-DJs zu schätzen, denn die Partyreihe »Poller Wiesen« nahm hier ihren Anfang.

Südbrücke und Poller Wiesen · Parken an der Alfred Schütte-Allee · Haltestelle Drehbrücke KVB-Bahn 7 oder (linksrheinisch) Haltestelle Schönhauser Straße, KVB-Bahn 16

MAD.D
FS1
TM

69

Obstmuseum auf Gut Leidenhausen

Braeburn, Golden Delicious, Pink Lady und Elstar – damit ist die Auswahl an Äpfeln in den Obsttheken der meisten Supermärkte erschöpft. Dabei wachsen in vielen Privatgärten noch traditionelle Sorten, die langsam in Vergessenheit geraten. Einen Eindruck von der Vielfalt deutscher Obstsorten gibt das Obstmuseum.

Vitrinen sind in diesem Museum nicht zu finden, denn seine Exponate brauchen Luft und Sonne. Wer es besucht, sollte feste Schuhe mitbringen, offene Sinne sind aber wie in jedem Museum nötig, denn hier lässt sich die Vielfalt alter Obstsorten entdecken: Äpfel sind nicht einfach Äpfel. Die »Rheinische Schafsnase« ist glockenförmig und säuerlich, der »Rheinische Bohnapfel« ein guter Aromaträger für Most, der »Rheinische Krummstiel« ist robust, diploid und »als Befruchter geeignet«, sein Aroma ist fein säuerlich bis süßlich. Bei den Birnen wird die Namensgebung noch poetischer: Sie heißen »Gräfin von Paris«, »Clapps Liebling« oder schlichter »Gute Graue«, ihre Aromen reichen von leicht würzig über süß bis zimtartig. Alle reifen, von Ehrenamtlern liebevoll gepflegt, im Obstmuseum, der Streuobstwiese im städtischen Erholungsgebiet Gut Leidenhausen.

▶ **Günstige Verköstigung bietet das Café Rastplatz im Innenhof des Guts.**

Aprikosen, Mirabellen, Zwetschgen und Wildobst wie Mehlbeeren, Schlehen und Vogelbeeren ergänzen das klassische Kernobst. Ist die Pracht reif, darf jeder zugreifen und kosten. Auch Wildäpfel, 2013 »Baum des Jahres«, sind zu finden, sodass sich vergleichen lässt, wie sie sich geschmacklich von ihren kultivierten Verwandten unterscheiden.

Dafür, dass diese Gaumenfreuden überhaupt wachsen können, sorgen Honigbienen, die in bunten Bienenstöcken am Rande der Obstwiese residieren. Wie man die pelzigen Helfer selber päppelt, vermittelt der Bienenzuchtverein Porz an seinem Lehrbienenstand. Ihr Honig ist im Besucherportal erhältlich.

Ostmuseum auf Gut Leidenhausen · Gut Leidenhausen · 51147 Köln · Tel. 02203/399 87
www.sdw-nrw-koeln.de · Haltestelle Eil/Heumarer Straße · Bus 151, etwa 20 Minuten Fußweg, Haltestelle Gut Leidenhausen, Anruf-Sammeltaxi 188, Tel. 0221/547 18 50

70 Die Vorstadtprinzessin

Kalk – die Arme-Leute-Gegend, wo alle mit einem Messer in der Tasche geboren werden. Das Fabrikviertel, in dem höchstens Tom Gerhardt Ehrenbürger werden will. Dass sich das ehemalige Arbeiterviertel im Umbruch befindet, zeigen einige neue Locations. In der Vorstadtprinzessin trifft sich das junge Kalk.

Eine Prinzessin trägt Rosa, auch wenn sie nicht in einem Palast haust. Statt im Rüschenkleidchen thront sie keck in Turnschuhen und gestreiften Leggings über dem Geschehen in dem ehemaligen Industrievorort und hat alles im Blick. Sie ist das Orientierungszeichen oder die Galionsfigur für alle, die in Kalk nach alternativer Gastronomie suchen. Nicht nur, wenn die Tatort-Titelmelodie ertönt, sammelt sich hier alles, was in Kalk und Humboldt-Gremberg lebt und sich im Brauhaus oder den traditionellen Eckkneipen nicht zu Hause fühlt. Dafür sorgen sicher die zusammengewürfelte Flohmarkt-Einrichtung, aber auch die Speisekarte: Wo findet man schon einen Ort im Rheinland, an dem Frikadellen tatsächlich als Buletten bezeichnet werden? Allerdings gibt es sie ausschließlich sonntags und natürlich vegetarisch. Trotzdem läuft einem schon beim Lesen der Kombinationen wie »Freundlicher Ami« alias Auberginen-Pilz-Bulette mit Röstzwiebeln und Käse oder »Spartakus«, bestehend aus Räuchertofu, Röstzwiebeln und Rucola, das Wasser im Mund zusammen.

Herumstehende Nähmaschinen und Garderobenständer voller Kleidung zeigen, dass hier nicht nur Kaffee und Kölsch getrunken wird: Kreativkurse wie Siebdruck finden hier ebenso statt wie Konzerte oder Lesungen von Musikern und Poeten.

Wer über 30 ist, fühlt sich an diesem Ort schnell fehl am Platze, aber zum »Melting Pot« wird die Vorstadtprinzessin dennoch an jedem Sonntagabend, denn auch das alternativste Volk hat gelegentlich Sehnsucht nach ein wenig Wohnzimmergeborgenheit. Die entsteht, wenn sich Jung und Alt dort treffen, um gemeinsam den *Tatort* anzuschauen.

Vorstadtprinzessin · Do–So ab 18 Uhr, Mittagstisch Mo–Fr 12–14.30–Uhr
Trimbornstrasse 27 · 51105 Köln · Tel. 0176/51 77 98 21
Haltestelle Trimbornstraße, S 12, S 13

KAFFEE
KNEIPE
KUNST
Vorstadtprinzessin

Entcoffeinierter Espresso
Espresso
Java-Costarica
Java
Costarica
würzig
vollmundig
500g 7,20€
Entcoffeinierter Kaffee
Reizarm
Exquisite
sehr schmackhafte
Mischung
500g 8,60€

71

Süßes für Auge und Geschmack – La Rose de Tunis

Das Auge wird auf jeden Fall satt: Die zierlichen »Rsimetts«, filigran durchbrochenen »Dzirietts« und »Marakchietts« schmecken nicht nur exotisch nach Rosenwasser, Pistazie und Mandeln, sondern sind auch optisch Kunstwerke. »Millefeuille« heißt eine Kalorienbombe aus Blätterteig »Bourse« ist der Name winziger Teigsäckchen. Wer bisher nur türkische Baklava als orientalische Nascherei kannte, lernt in der ersten deutschen Niederlassung von La Rose de Tunis eine weitere Nuance kennen. »Nordafrikanische Feinbäckerei arbeitet mit weniger Teig und Sirup, dafür mit mehr Nüssen«, weiß Geschäftsführer Mohamed Ali Lagrab.

La Rose de Tunis · Mo–Sa 10–20 Uhr · Kalker Hauptstraße 176 · 51103 Köln
Tel. 0221/30 16 48 02 · www.larosedetunis.de · Haltestelle Kalk Kapelle, KVB-Bahn 1,9

72

Kaffee frisch aus der Röstmaschine

Regelmäßig duftet es morgens in Kalk, wenn das Herzstück der Kaffeerösterei Hogrebe, eine Röstmaschine von 1951, arbeitet. Viele Kaffeetrinker sind fertig gemahlene Einheitsmischungen leid, und in den letzten Jahren entstanden in den Geschäftsstraßen neue Kaffeeröstereien. Auf der Kalker Hauptstraße, deren verbliebene Traditionsläden sich tapfer gegen den Shoppingtempel KölnArcaden behaupten, hält sich die Kaffeerösterei Hans Hogrebe bereits seit den Fünfzigerjahren.

Neben Mischungen gibt es Sortenreines aus Costa Rica, Mexiko und Java; für sensible Mägen bietet Helmut von Pfingsten, der den Laden 1997 von Hans Hogrebe übernahm, reizarmen Kaffee.

Kaffeerösterei Hans Hogrebe · Mo–Fr 9–18.30, Sa 9–14 Uhr · Kalker Hauptstraße 166
51103 Köln · Tel. 0221/870 29 75 · Haltestelle Kalk Kapelle, KVB-Bahn 1, 9

73 Industriedenkmal und Literatur im Einkaufszentrum

Der alte Wasserturm wurde durch das Einkaufszentrum KölnArcaden so eingebaut, dass er städtebaulich kaum mehr wahrzunehmen ist. Aber seit Kurzem kann man ihn bei jedem Einkaufsbummel von innen neu entdecken, denn er beherbergt Kölns zweite minibib.

Woher etwas Lektüre nehmen, wenn Partner und Kinder im Einkaufszentrum shoppen wollen, man selber aber lieber im Bürgerpark die Sonne auf einer Bank genießen möchte? Die Lösung bietet ein Ort, an dem niemand Literatur erwartet, eine Bibliothek schon gar nicht. Am Hinterausgang der KölnArcaden befindet sich der Standort für Kölns zweite minibib, ein Bibliotheksexperiment.

Im Gegensatz zu einer herkömmlichen Leihbücherei kann man in dem alten Backsteinrundbau Bücher auf Vertrauensbasis für zwei Wochen ausleihen, ohne Bibliotheksausweis oder sonstige Papiere. Allerdings wird pro Entleiher nur ein Buch ausgegeben. Von einem öffentlichen Bücherschrank unterscheidet sich die minibib dadurch, dass es hier keine Restposten oder das, was Mitmenschen ausgemistet haben, gibt, sondern sorgfältig ausgesuchte Qualitätsliteratur, die der Stadtbibliothek gespendet wurde. Auch digitale Medien, fremdsprachige Literatur und Spiele gehören zum Angebot. Möglich wird dies durch den Einsatz ehrenamtlicher Helfer.

▶ Im Bürgerpark hinter den KölnArcaden gibt es einen großen Spielplatz für alle Altersgruppen mit Kletternetz, Basketballkorb und Bolzplätzen.

Vor allem bieten die Backsteinwände das 1904 errichteten Turms einen angenehmen Kontrast zum sterilen Ambiente des Einkaufszentrums. Er versorgte die Chemische Fabrik Kalk mit Wasser und blieb dank des Denkmalschutzes von der Abrissbirne verschont. Heute ist er ein Wahrzeichen des alten Kalk, nach langem Leerstand, das endlich eine würdige Nutzung bekommen hat. An die Vergangenheit des Industriestandorts erinnert wenige Meter weiter auch eine alte Turbine.

minibib im Wasserturm · Mo–Fr 14–17, Sa 12–15 Uhr · Kalker Hauptstraße 55 · 51103 Köln
www.stbib-koeln.de · Haltestelle Kalk Post, KVB-Bahn 1, 9

Bio-Bauer am Bahngleis

Obst, Gemüse, Säfte, Käse und Fleisch aus biologischer Herstellung – das erwarten Kunden von einem Bioladen. Im Hofladen von Jürgen Roußelli ist dennoch einiges anders. Dem Gemüse können Kunden beim Wachsen zusehen, und die ganze Pracht verdankt der Familienbetrieb ziemlich unansehnlichen Tierchen.

So manches Navi ist schon an der Adresse von Jürgen Roußelli und seinem Hofladen verzweifelt, denn zwischen Bahngleisen, sozialem Brennpunkt und Autobahn vermutet man alles, nur keinen Bioladen. Erst recht nicht einen der größten Kölns. Aber das Ladenlokal bietet alles, was das öko-bewusste Herz begehrt: Obst und Gemüse der Saison, Milchprodukte, Fleisch, Körperpflege.

Begonnen hat alles unterirdisch: Regenwürmer sind vielseitige Tierchen und äußerst genügsam dazu. Sie fressen am liebsten – Erde, selbstverständlich verdauen sie sie auch und erzeugen Humus. Regenwürmer zu züchten war auch die Idee von Jürgen Roußellis Vater Werner, der damit hochwertigen Wurmhumus erzeugte. Schnell fand er Gefallen daran, damit Bio-Gemüse selbst anzubauen, weil nicht nur die Würmer prächtig gediehen, sondern auch das Gemüse. So eröffnete er ein eigenes Ladenlokal, und 1985 zog der Gemüseanbau auf das Gelände einer ehemaligen Bahngärtnerei um. Die Tschernobylkrise der Achtzigerjahre überstand der Familienbetrieb leicht gerupft. Hühner als Kompostlieferanten bereichern das Sortiment mittlerweile um Eier.

▶ Vor oder nach dem Einkauf lockt im Sommer das etwa 15 Minuten entfernte Naturfreibad am Vingster Ring mit Sandstrand und großem Spielplatz.

Wer einkauft, braucht ein wenig Geduld, denn hier ist noch Bedienverkauf angesagt. Dafür gibt's zum Gemüse aber schon mal Rezepttipps, auf Anfrage macht das Team auch Führungen durch Beete und Bienenstöcke. Weil Familie Roußelli mehr Leben auf dem Hof wollte, dürfen Vingster Schulen und Vereine ein Grundstück zum Gärtnern nutzen.

Kölner Bio-Bauer · Mo–Fr 9–18.30 Uhr, Sa 9–13 Uhr · Poll-Vingster-Straße 215 · 51105 Köln
Tel. 0221/83 85 37 · www.koelner-bio-bauer.de · Haltestelle Kürtenstraße, Bus 153

75

Die Wärme des Betons – die Kirche St. Theodor

1992 bedeutete ein Erdbeben das Aus für die damalige Kirche St. Theodor. Seit 2002 zieht Paul Böhms Neubau, errichtet um einen Turm des Altbaus, Architektur- und Kunstfreunde in das frühere Arbeiterviertel Vingst.

»Ein feste Burg ist unser Gott« – Martin Luthers Worte könnten diese katholische Kirche inspiriert haben. Der ockerfarbene Betonrundbau ist aber keine düstere Trutzburg, sondern vermittelt Geborgenheit. Klare Formen geben Halt, Holz und Eisenkreuze verhindern Sterilität. Eine – leider oft gesperrte – Rundtreppe mit Kreuzweg führt von außen auf das Dach. Im Inneren stellt die Initiative »Signale aus Vingst« moderne Kunst aus.

Kirche St. Theodor · Ausstellungen So 12–13 Uhr oder nach Vereinbarung · Burgstraße 42
51103 Köln · www.signale.hoevi.info · Haltestelle Vingst, KVB-Bahn 9, Bus 153

76

Süßes aus der Vorstadt – Törtchen von Klüppelberg

Aller guten Dinge sind drei. Für Udo Klüppelberg und sein Team sind das Marzipan, Biskuitteig und Frischobst, vereint zum Törtchen: quadratisch, praktisch, lecker. Ihr Geschäft betreibt Familie Klüppelberg in der dritten Generation, den Verkaufsschlager, die Obst-Marzipan-Törtchen, kreierte Rolf Klüppelberg zu Beginn der Sechzigerjahre. Auch wenn die Traditionskonditorei mit Holzofen außerdem romantische Hochzeitstorten und Krabbelkuchen für das »Dschungelcamp« fertigt – Schlange stehen alle für die Obsttörtchen. Wem der Weg zum heimischen Kaffeetisch zu weit ist, dem empfehlen sich bei Sonnenschein fünf Minuten Fußweg zur Merheimer Heide. Hier versüßen Klüppelbergs Törtchen das Picknick.

Konditorei Klüppelberg · Di–Fr 8.30–17 Uhr, Sa 8.30–16.30 Uhr, So 11–18 Uhr
Olpener Strasse 262 · 51103 Köln · Tel. 0221/87 87 79
www.konditorei-klueppelberg.de · Haltestelle Höhenberg Frankfurter Str. · KVB-Bahn 1, Bus 151, 152

77 Zwischen Eisschrank und Fleischwolf

Wie hielten unsere Großeltern und Urgroßeltern Lebensmittel frisch, wie kauften sie ein, wie wurde gekocht und gegessen? Wie verbrachten sie den Feierabend ohne Fernseher, Internet und Smartphones? Kurz: Wie wurde gewohnt und gelebt? Hautnah entdecken lässt sich die Alltagsgeschichte in der Höhenberger Germaniasiedlung.

Eigentlich ist das Paul-Schwellenbach-Haus Sitz des Seniorennetzwerks Höhenberg, aber in seinem Obergeschoss hat eine Außenstelle des Kölnischen Stadtmuseums in einer ehemaligen Genossenschaftswohnung ihre Heimat gefunden. Eyecatcher sind die blutroten Dielen, und »Ochsenblut« war tatsächlich der gängige Name für diesen traditionellen Bodenanstrich. Sonst wirkt die Einrichtung vertraut und fremd zugleich. Das 20. Jahrhundert hat deutlich Einzug gehalten: Es gibt elektrisches Licht, aber die Schalter sind aus dunklem Bakelit, dem ersten völlig synthetisch hergestellten

Kunststoff. In der Küche gibt es etwas, was ein Kühlschrank sein könnte, aber gekühlt wurde noch nicht elektrisch, sondern mit einem Eisblock, der im obersten Fach lagerte. Die elektrische Backröhre ist im wahrsten Sinne des Wortes eine Röhre. Der Schrank im Stil des Gelsenkirchener Barock kündet vom bescheidenen Wohlstand in der Arbeitersiedlung, aber die Nähmaschine erinnert daran, dass Kleidung damals noch keine Wegwerfware war. Krautreibe und Fleischwolf in der Küche demonstrieren besser als Geschichtsbücher, wie gegessen und gekocht wurde, als es weder Tiefkühlkost noch Fast-Food gab.

Wer hier eine Führung bucht, hört aus erster Hand, wie es sich hier lebte, denn die Museumsführer sind Besucher des Seniorennetzwerks, alte Höhenberger, die ihrem Publikum vor allem jede Menge Geschichten aus ihrem Veedel zum Besten geben können. Zum Paul-Schwellenbach-Haus führt der Weg durch die denkmalgeschützte Germaniasiedlung, zu ihrer Entstehungszeit in den Zwanzigerjahren eine der größten zusammenhängenden Wohnsiedlungen Deutschlands.

Museumswohnung der GAG · So 14-tägig 14–16 Uhr und zu Veranstaltungen
Weimarer Straße 15 · 51103 Köln · Tel. 0221/87 21 10 · www.gag-koeln.de
Haltestelle Fuldaer Straße, KVB-Bahn 1

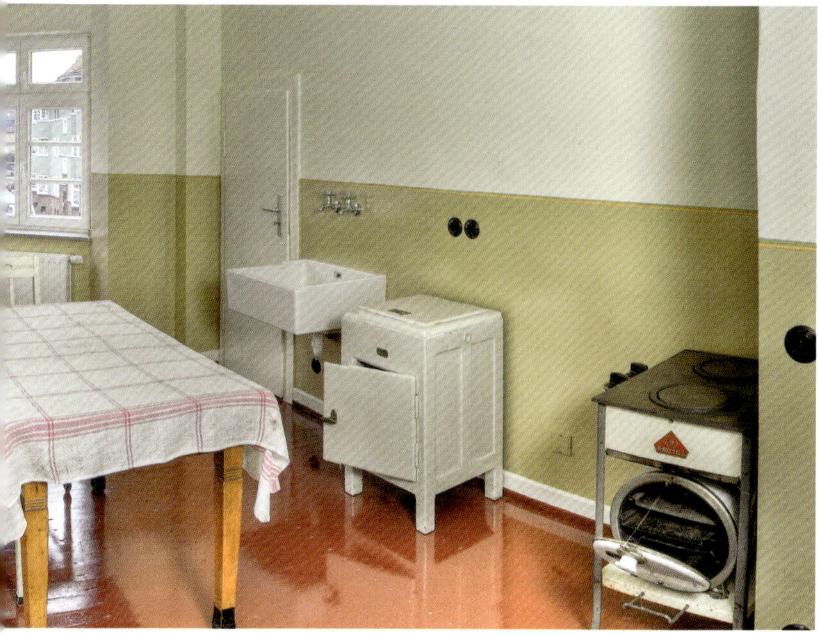

BOUJITERIE
Kilim

GAME OVER
İyiki
Doğdun
Esra
BJK
1903

Flanieren in der Keupstraße

78

Es gibt nur wenige schöne Gründe dafür, dass die Keupstraße seit einigen Jahren bundesweit bekannt ist. Dabei kann ein Bummel hier ebenso eine kulinarische Shoppingtour sein wie ein Spaziergang durch unterschiedliche Welten, die in diesem Teil Mülheims nur einen Steinwurf voneinander entfernt liegen.

2007 brachte Ute Diehl mit ihrer Serie *Die Özdags* einen Hauch deutschtürkischen Alltags ins Fernsehen. Hasan Özdags Konditorei liegt in der Keupstraße, in der nach den tragischen Schlagzeilen rund um das Nagelbombenattentat und der Aufregung um polizeiliche Fehlermittlungen wieder Alltag eingekehrt ist. Knallbunte Torten im Schaufenster mit verspielten Motiven von der Hochzeit über den Kindergeburtstag und den Doktorhut bis zum Fußballvereinslogo bezeugen Lebensfreude. Hausratläden führen ausladende Fladenbackpfannen und Kochtöpfe für Großfamilien, angehende Bräute finden vom Kleid bis zur Dekoration alles für ihre »fat turkish wedding«. Die Vielfalt türkischer Küche jenseits von Döner und Dürüm offenbaren mehrere Restaurants. »Kilim« wirbt mit zehn verschiedenen Sorten Lahmacum und einer Außenterrasse. »Cig Köftem« (Keupstraße 71) gehört zwar zu einer Kette, bietet aber Vegetariern und Veganern eine echte Abwechslung.

▶ **Auf dem alten evangelischen Friedhof von 1614 an der Ecke zur Bergisch Gladbacher Straße sind Gräber der Unternehmerfamilien Andreae und Charlier erhalten.**

An der Ecke zur Genovevastraße erinnert die frühere Direktorenvilla der Drahtfabrik Felten & Guilleaume an den ehemaligen Industriestandort Mülheim. Die Keupstraße war dagegen Wohnquartier der Menschen, die die Arbeit machten. Nicht zuletzt verweisen Mülheims Zeugnisse industrieller Vergangenheit auf die Tradition der Migration: Die Industriellen, die das Geschehen des damals noch selbstständigen Mülheim prägten, waren zugewanderte Protestanten, die das »hillije Kölle« in seinen Mauern nicht duldete.

Keupstraße · Köln-Mülheim · Haltestelle Keupstraße, KVB-Bahn 4

79 Die Kulturkirche in Buchforst – Kunst im Kunstwerk

Eine große Kreuzung, triste Wohnblocks der 1970er-Jahre – so präsentiert sich Buchforst dem Durchreisenden. Architekturfans schätzen die Weiße Siedlung und den Blauen Hof von Wilhelm Riphahn als hochwertige Wohnsiedlungen der 1920er-Jahre. Auch die Auferstehungskirche ist ein verborgenes architektonisches Highlight.

Schlichte Formen und viele Gesichter – so präsentierte sich die Auferstehungskirche seit ihrer Einweihung 1969. Von der Kopernikusstraße aus wirkt sie wie ein aufstrebendes Dreieck. Als kompakter Tetraeder zeigt sie sich, hat man die Treppenstufen zum Vorplatz erstiegen. Vom Hof aus gesehen gibt sie mit ihrer fast bis auf Kopfhöhe heruntergezogenen Eingangsfront den Eindruck einer Abschussrampe. Je nach Stand der Sonne spielt das Licht auf den zerfurchten Außenwänden aus Beton. Passiert man den Eingang, ist der karge, höhlen- oder steinbruchartige Innenraum der Hauptakteur: Die ausgefransten Abdrücke der Holzbohlen kommen hier erst recht zur Geltung. Das Sonnenlicht fällt durch Glasbänder am Rande des Daches und erzeugt auf den scharfen Graten eindrucksvolle Lichtspiele.

▶ Der Bollywood-Shop auf der Heidelberger Straße bietet ein kleines, aber feines Sortiment indischer Lebensmittel, Gewürze, Mode und Accessoires.

Der seit 1992 denkmalgeschützte Bau an sich vermittelt mehr Spiritualität als manches Heiligenbildchen, dennoch musste sich die Gemeinde aus finanziellen Gründen von ihm trennen: 2008 erwarb die Wohnungsbaugesellschaft GAG die Kirche, seitdem befinden sich im früheren Gemeindezentrum Altenwohnungen. Die Kirche selbst bietet seither einen eindrucksvollen Rahmen für Kunst: Grafiken des Malerfürsten Markus Lüpertz waren hier bereits zu sehen, häufiger finden hier Werke jüngerer Zeitgenossen eine Plattform. Eine besondere Herausforderung ist es für die Kuratoren, Künstler zu finden, deren Werke sich in dieser besonderen Architektur entfalten können.

Kulturkirche Buchforst · geöffnet für Ausstellungen, Konzerte und Lesungen · Kopernikusstraße 34
51065 Köln · Tel. 0221/201 12 42 · www.gag-koeln.de/wir-fur-koln/kulturkirche
Haltestelle Waldecker Straße, KVB-Bahn 3, Haltestelle Buchforst, S-Bahn 11

80

Biogarten am Thurner Hof

Über Mangel an Grün können sich die Dellbrücker eigentlich nicht beklagen. Der Biogarten rund um den Thurner Hof, ein ehemaliges Herrenhaus aus dem 16. Jahrhundert, setzt jedoch einen besonderen Akzent. Hier schufen bürgerschaftliches Engagement und die Liebe zum Gärtnern ein reizvolles Ensemble in historischem Ambiente.

Unter der Woche liegen Fachwerkhaus und Garten meist im Dornröschenschlaf. Für einen Feierabendspaziergang bietet sich der Bauerngarten gerade dann an. Wenn man in der Abendsonne durch die von Buchsbaum eingefassten Beete schlendert, wähnt man sich irgendwo im bergischen Idyll, nicht am Rande einer Großstadt. Lenzrose und Aronstab wachsen neben farbenfrohen Gartenchrysanthemen, die Kapuzinerkresse lockt Läuse von Gurken, Bohnen und Zucchini weg. Frisch aus dem Bergischen Land angepflanzt wurde die Blaue Erbse, die, wie viele andere traditionelle Gemüsesorten, im modernen Konserven-Einheitspüree unterzugehen droht. Am Wehrgraben, der das Herrenhaus teilweise umrahmt, lässt sich auf einem Holzsteg die Sommerabendstimmung genießen und dem Summen der Bienenvölker lauschen.

▶ »Offene Gartenpforte« an jedem zweiten Samstag im Monat von 13 bis 15 Uhr, wobei Mitglieder über die Arbeitskreise Biogarten und Imkerei informieren.

Ebenso oft verwandelt sich der Garten in einen geschäftigen Ort: Samstags ist der traditionelle Gärtnertag, an dem die Mitglieder des VHS-Arbeitskreises, der den Garten betreut, dort graben, jäten, schneiden, hacken und ernten. Haus und Garten werden von der Kölner Volkshochschule genutzt, die dort seit 1988 Kurse und Arbeitskreise zum biologischen Gärtnern und Imkern anbietet. Richtig voll wird es auf den regelmäßigen Samen- und Pflanzentauschbörsen.

Kunstevents im Stadtteil wie die »dellgrün« haben hier ihren festen Platz, sogar im Wassergraben findet sich dann die eine oder andere Skulptur zwischen den Seerosen.

Thurner Hof · Mielenforster Straße 1 · 51069 Köln · www.biogarten-thurnerhof.de
Haltestelle Dellbrück Hauptstraße, KVB-Bahn 3 und 18

Scout

81 Von der Pferdebahn zur »Elektrischen«

Wer erinnert sich noch daran, dass Fortschrittsgläubige der Straßenbahn in den 1970er-Jahren ein baldiges Aussterben prophezeiten? Die Ölkrise, der verteuerte U-Bahn-Bau und verstopfte Straßen ließen dieses altmodische Verkehrsmittel wieder zu Ehren kommen. An seine lange Geschichte erinnert das Straßenbahnmuseum.

Wo wäre ein Straßenbahnmuseum besser untergebracht als in einer ehemaligen Wagenhalle? Die Backsteinhalle aus den Zwanzigerjahren bietet für sich schon ein Raumerlebnis, aber ihre Exponate bedeuten zudem eine Zeitreise: 1877 fuhr eine erste Pferdebahn von Deutz ins damals noch selbstständige Kalk, von den Kölner Stadtvätern noch misstrauisch beäugt. Als die »Päädsbahn« auch in Köln zugelassen wurde, kostete eine Fahrt von Ehrenfeld nach Bayenthal mehr als der Stundenlohn eines Schaffners. 1901 rumpelte die erste Elektrische über die Ringe und am Rheinufer Richtung Zoo. Linie F, liebevoll »Finchen« genannt, verband Köln und Frechen. Eine neue Heimat fanden sie 1997 alle in der Wagenhalle an der Endhaltestelle Thielenbruch. Am Museumstag gibt es Information und Unterhaltung: Die Jüngsten probieren im Führerstand einer Straßenbahn das Fahrgefühl aus. Zum Kräftemessen lädt ein alter Stromabnehmer mit Seilzug ein.

▶ Vor oder nach dem Museumsbesuch laden das Naturschutzgebiet Thielenbruch und der Thurner Wald zum Spaziergang ein.

Wer weiß noch, dass Straßenbahnen auch Güter transportierten? »Finchens« ehemaliger sogenannter »Milchwagen« erinnert daran, dass Bauern damit auch Eier und Gemüse zum Markt brachten. Sogar Post nahm »Finchen« mit. Neueste Anschaffung ist ein Ausschnitt der früheren Panoramawand der KVB-Leitstelle. Dieser lässt ahnen, wie viel Konzentration es kostete, den störungsfreien Verkehrsfluss im Kölner Netz im Auge zu behalten, und vielleicht urteilt danach mancher Besucher milder über die »Kölner Verspätungs Betriebe«.

Straßenbahnmuseum Thielenbruch · jeden zweiten Sonntag im Monat 11–17 Uhr
Gemarkenstraße 173 (Eingang) · 51069 Köln · Tel. 0221/283 47 71 · www.hsk-koeln.de
Haltestelle Thielenbruch, KVB-Bahn 3 und 18

18
40

Beschallung aus Coladosen und Sunil-Kartons

82

Eine Medienstadt wie Köln ohne ein Museum für alte Medien? Diese Lücke füllt seit einigen Jahren ein Häuflein Idealisten. Von der »Goebbelsschnauze« über winzige Nachkriegsmodelle »Marke Eigenbau« bis zu hypermodernen Hightech-Geräten ist hier alles zu sehen, was einmal Töne übertrug.

Rundfunkwellen kommen aus dem Himmel, aber wer das Radiomuseum besucht, muss erst einmal in die Unterwelt hinabsteigen: Besucher finden sich wieder in einem schmucklosen Kellerraum mit endlosen Regalreihen, gefüllt mit Geräten, die einmal Prunkstücke ihrer Eigentümer waren: Heribert Wüstenberg, Karin Lange und ihre Mitstreiter haben hier fast alles zusammengetragen, was einmal Wellen aus dem Äther auffing. Wer die Regale abschreitet, findet kleine Architekturkunstwerke, gediegene Gehäuse aus Wurzelholz, teilweise mit Intarsien. Kleine, kompakte Volksempfänger aus Bakelit zeugen davon, dass spätestens der Naziregierung klar war, dass das Radio das ideale Medium war, um Propaganda in die bescheidenste Hütte zu bringen. Vom Überlebensgeist der Nachkriegszeit zeugen Geräte, die aus einem stückweise verkauften Bausatz entstanden. Radios zu (ver)kaufen war im besetzten Nachkriegsdeutschland verboten, nicht aber der Vertrieb der Einzelteile, aus denen sich Bastler ihr Gerät Stück für Stück zusammensetzten. Schulklassen kichern über Modelle in Form von Colaflaschen. Aufwendige Werbegeschenke waren die klingenden Sunil-Kartons und Kaffeepackungen. Zum Modell »Roter Stern«, einem sowjetischen Nachbau eines französischen Modells, können Wüstenberg und Lange ebenso Geschichten erzählen wie zu allen anderen Stücken und zur Radioszene in Köln. Wer weiß schon, dass es sogar einen Karnevalsverein namens »Radioten« gab?

An den Öffnungstagen gibt es nicht nur alte Rundfunkschätze zu bewundern: Besucher werden Zeuge, wie Bürger Schätze abgeben, die sie auf Dachböden oder in Nachlässen fanden.

Radiomuseum Dellbrück · jeden 2. So. im Monat 14–18 Uhr · Gewerbegebiet Leskan-Park, Haus 32 · 51069 Köln · Anmeldung für Gruppen unter Tel. 0221/40 95 00
www.radiomuseum-koeln.de · Haltestelle Köln-Dellbrück, S-Bahn Linie 11, Bus 154

83 Truppenübungsplatz im Wandel

In Kölns Nordosten überlebten Reste einer alten Kulturlandschaft ausgerechnet dort, wo Naturschutz lange kleingeschrieben wurde, nämlich auf einem Truppenübungsplatz der in Köln stationierten belgischen Streitkräfte. Seit 2010 wird hier renaturiert, langsam bekommt das Gelände sein Gesicht als Heidelandschaft zurück.

Wo einst Panzer rollten, kamen 2010 erst einmal die Bagger. Bäume wurden zurückgeschnitten oder gerodet – als Vorbereitung für ein Naturschutzgebiet? Vielen Anwohnern leuchtete dies schwer ein. Nach Abzug der belgischen Streitkräfte hatte das Gelände jahrelang in einem Dornröschenschlaf gelegen. Manche Dellbrücker denken noch mit Wehmut an die leer stehenden Munitionslager, in denen bunte Graffiti darauf hindeuteten, dass sich hier einst die Jugend des Stadtteils austobte. Sie sind mittlerweile abgebrochen, Betonplattenwege für Militärfahrzeuge sind ebenfalls entfernt.

▶ Kinder ziehen samstags mit der »Heide-Kids«-Gruppe los, um Eidechsen und Vögel zu beobachten oder Fährten zu suchen.

Ein Refugium zwischen S-Bahn und Schnellstraßen ist die Dellbrücker Heide immer noch, lässt aber dank Naturschutzmaßnahmen heute ahnen, wie es vor über 100 Jahren einmal in einem großen Teil des Rheinlands ausgesehen haben könnte: Heidekraut färbt das Gelände im Spätsommer violett, im Frühjahr blüht gelber Ginster. Die wahren Schätze der Flora und Fauna sieht der Kenner: Der »Gelbe Wau« ist kein hier nur angeleint erwünschtes Haustier, sondern die Nahrungspflanze der Maskenbiene. Was ist eine Blauflügelige Ödlandschrecke, wie erkenne ich die Kleine Moosjungfer? Verbirgt sich in dem Erdloch neben den Kaninchenköteln gar der bundesweit bedrohte Stierkäfer? Die Flora und Fauna lässt sich am besten bei einer Exkursion des »Netzwerk Heideterrasse« entdecken. Mehrmals im Jahr gibt es hier erwünschten vierbeinigen Besuch zu sehen: Schafe und Esel aus der benachbarten Wahner Heide stoppen dann als »Baumrodemaschinen« die Verwaldung.

Dellbrücker Heide · zwischen Höhenfelder Mauspfad, Lupinenweg und der Trasse der S11
www.dellbruecker-heide.net · Haltestelle Köln-Dellbrück, S-Bahn-Linie 11, KVB-Bus 154

Schwimmen mit Geschichte und Rock 'n' Roll

Nur ein Freibad? Auf den ersten Blick schon, aber es ist nicht irgendeines. Das Dünnwalder Waldbad ist ein Nebenprodukt der Arbeiterbewegung und gehört noch heute dem Freies Ortskartell Dünnwald e.V., der das Bad mit dem Wasser des Mutzbachs speist. Im Sommer wird das Bad regelmäßig zur Konzertlocation.

Es hat alles, was ein Freibad braucht: Schwimmer- und Nichtschwimmerbecken, Planschbecken, Wasserrutsche und Liegewiese. Am Rande des Geländes am Dünnwalder Forst plätschert der Mutzbach und versorgt die Becken mit Wasser. Dass Jung und Alt hier so unbeschwert schwimmen und die Sonne genießen können, war nicht immer selbstverständlich. Als sich 1923 mehrere Dünnwalder Vereine zum Freien Ortskartell zusammentaten, um gemeinsam ein Freibad zu bauen, war das Bad vor allem ein Produkt der Sozialdemokratie in der SPD-Hochburg Dünnwald. »Strandbad

Loreley« oder »Schlammbad Loreley« hieß es im Volksmund. Glaubt man den Lokalhistorikern, hatten Katholiken in dem Sozi-Bad nichts verloren. 1933 kassierten die Nazis das Bad ein, es wurde unter dem Namen Norkusbad weiter betrieben. 1950 gründete sich das Ortskartell neu, 1952 eröffnete Kölns ältestes Privatbad wieder.

Heute bietet das Bad zusätzlich einen Minigolfplatz und einen Campingplatz. Beim Baden verirrt sich immer noch die eine oder andere Stockente ins Becken, und Geburtstagskinder haben freien Eintritt. Die Gaststätte Trehörn bietet Bodenständiges wie Currywurst, aber auch Flammkuchen steht auf der Karte. Fester Termin für Dünnwalder ist die Saisoneröffnung mit Schnuppertauchen und Trödelmarkt. Einen Namen machte sich das Bad in den letzten Jahren als Konzertlocation. Kölsche Größen von »Köbes Underground« bis zu den »Klüngelköpp« standen hier bereits auf der Bühne und werden auch in den kommenden Jahren gern gesehene und gehörte Gäste sein.

▶ **Direkt nebenan ist ein Wildpark frei zugänglich, in dem neben Wildschweinen, Hirschen und Mufflons auch die Wisente des Kölner Zoos untergebracht sind.**

Waldbad Dünnwald · Mai–September 9–20 Uhr · Peter-Baum-Weg 20 · 51069 Köln
Tel. 0221/600 15 88 · www.waldbad-camping.de · Haltestelle Dünnwald Waldbad, Bus 154

85 Puppen, die nicht nur tanzen

Bei Puppentheater denkt jeder sofort an Kasperle, Gretel, den Räuber und das Krokodil. Nichts gegen das gute alte Kasperletheater, aber wie vielseitig, anspruchsvoll und dennoch kindgerecht Puppentheater darüber hinaus sein kann, ist in den Räumen einer ehemaligen Schlosserei in Holweide zu erleben.

Ein Vorhang öffnet sich nicht, wenn Claudia Hann die Bühne betritt, dafür übernimmt das Licht die Aufgabe des Verbergens und Enthüllens. Die Frau, die über die Bühne läuft, schreitet, springt oder tanzt, vergisst man schnell, denn trotz ihres Körpereinsatzes ziehen ihre Figuren alle Blicke auf sich: Die Elfe Mimi und der Menschenjunge Max, Iwan Zarewitsch, die schöne Wassilissa und das kleine Wildpferd: Alle Puppen werden in Claudia Hanns Händen lebendig. Auch wenn mehrere Charaktere auf der Bühne agieren, gibt eine einzige Frau allen Stimme und Bewegung.

Nicht nur Hanns Spiel ist ein Gesamtkunstwerk aus Schauspiel, Gesang, Stimmkunst und Tanz, auch die Puppen sind es: Sie werden von der Schauspielerin, die nebenher auch noch ein geisteswissenschaftliches Studium absolvierte, in Handarbeit gefertigt: Malerei, Schneidern, Masken modellieren – vor der Kunst kommt erst einmal solides Handwerk! Ebenso hausgemacht wie die Puppen sind die Produktionen, die sie gemeinsam mit dem Regisseur Udo Mierke auf die Bühne bringt. Adaptionen russischer Märchen wie *Der Feuervogel* fanden ihren Weg auf die Bühne, aber auch einfache Geschichten um Freundschaft und Fantasie wie ihre Trilogie um Max und seine Freundin, die Baumelfe Mimi. Die Musik ist selbst komponiert, statt Synthesizer erklingen Klavier, Flöte und Geige. Erwachsene zieht Maskenspiel um den antiken Mythos von *Amor und Psyche* in seinen Bann, Jugendlichen bringt *Aymineh – Die Freiheit des Hirtenmädchens* Fragen um Konflikte von Religion und Freiheit nahe. Theater von der Stange gibt es hier nicht, dafür lebendige Beispiele, wie Bühnenarbeit auch ohne Special Effects fesseln kann.

Cassiopeia-Theater · Bergisch Gladbacher Straße 499–501 · Tel. 0221/937 87 87
www.cassiopeia-buehne.de · Haltestelle Vischeringstraße KVB-Bahn 3, 13, 18

Skulpturen im Stammheimer Schlosspark

86

Menschenaufläufe, Schwaden von Grilldünsten, Zigarettenkippen im Rasen – daran kranken viele Kölner Innenstadtparks. Wer den Weg zum nordöstlichen Stadtrand nicht scheut, findet im Stammheimer Schlosspark Ruhe und Rheinblick. Seinen Status als Geheimtipp hat er bis heute behalten.

Wo ist das Schloss? Diese Frage stellt sich wohl jeder, der die steinernen Löwen am Parkeingang passiert. Am Ende der Lindenallee, die den Besucher vom Eingang zum Rheinufer führt, erinnert heute nur noch das Kunstwerk *Schloss mit Grafenpaar* von Herbert Labusga an die Fassade des Rokokoschlosses, das im Zweiten Weltkrieg zerstört wurde. Der Park, zwischen 1828 und 1832 von Maximilian Friedrich Weyhe als englischer Landschaftsgarten angelegt, überdauerte mit seinen ausladenden Blutbuchen, Kastanien und Magnolien die Zeiten. Nicht nur als einziger feudaler Park im Kölner Stadtgebiet ist er noch heute ein Ort, der begeistert.

Die Baumriesen wären schon Attraktion genug, aber wer den Blick nach oben schweifen lässt, macht Entdeckungen: Hier schwingt die Figur eines Schaukelnden an einer Astgabel, dort schwebt ein filigranes Gebilde aus bunten Plastikstrohhalmen wolkengleich zwischen den Zweigen. Auch den Rasen beleben Skulpturen, teils wuchtig, teils filigran, aber immer im Einklang mit der sie umgebenden Landschaft. Überraschungen sind immer möglich, denn die Kunstwerke, die dem Park neben seinem alten Baumbestand sein Gesicht geben, sind keine Dauerinstallationen.

▶ **Hunger und Durst stillt die Gastronomie des benachbarten Ruderclubs RTHC (Am Stammheimer Schlosspark 20, Tel. 0221/664 03 31)**

2001 erwachte der Park aus seinem Dornröschenschlaf, als die Initiative »Kultur Raum Rechtsrhein« (KRR) dort ihre jährlich wechselnde Skulpturenausstellung etablierte. Seitdem bewerben sich Künstler aus ganz Deutschland um die Möglichkeit, dort ihre Werke ein Jahr lang zu präsentieren.

Schlosspark Stammheim · Am Stammheimer Schlosspark · www.schlosspark-stammheim.com
Haltestelle Egonstraße – Bus 151, 152

87 Naturschutzgebiet Flittarder Rheinaue

»Fließende Erde« gab dem Stadtteil Flittard seinen Namen, und die Flussaue mit sich ständig ändernden Uferzonen, Kies- und Sandbänken prägt den Stadtteil bis heute. Nur wenige Kilometer von Bayer-Werken und Schnellstraßen entfernt, wähnt man sich bei einem Spaziergang hier in

einer anderen Welt. Eine Auenlandschaft mit Röhricht, Silberweiden, Schwarzerlen und einem alten Rheinarm, auch Altwasser genannt, ist hier erhalten geblieben. Bedrohte Arten wie die Wacholderdrossel, die dickschalige Kugelmuschel und die Flusskahnschnecke leben hier, Nistkästen am Ufer sollen vor allem Wasserfledermäuse zum Bleiben einladen. Wer die Flora und Fauna näher kennenlernen will, kann sich einer Führung anschließen, die der Flittarder Bürgerverein anbietet.

Rheinaue Flittard · Führungen jeden ersten Sonntag im Monat · Tel. 0221/66 44 61
Haltestelle Egonstraße, Bus 151, 152

88

Kölns heißer Draht nach Berlin – Optischer Telegraf

Wie erklärt man dem Nachwuchs, was es bedeutete, Nachrichten ohne Handy oder Internet zu übermitteln? Ein bescheidenes weißes Häuschen an der Egonstraße gibt die Antwort: Das überdimensionierte Türmchen lässt schon ahnen, dass es ursprünglich kein Wohnhaus war, ebenso der Signalmast auf dem Dach mit sechs beweglichen Balken. Das Häuschen ist die ehemalige Station Nummer 50 des Preußischen optischen Telegrafen. Zwischen 1832 und 1849 bildeten in Preußen 62 dieser Stationen eine Kette, über die die Verwaltung der Rheinprovinz erfuhr, was die Regierung in Berlin anordnete.

Optischer Telegraf · Egonstraße 152 · 51061 Köln · Haltestelle Am Feldrain · Bus 152

89

Japanischer Garten

Halb liegt er in Köln-Flittard, halb in Leverkusen und verbindet zwei Städte und zwei Kulturen. 1912–14 ließ der damalige Bayer-Vorstand Prof. Carl Duisberg, selbst ein großer Bewunderer ostasiatischer Gartenkunst, den Japanischen Garten anlegen, der seine heutige Gestalt in den Sechzigerjahren erhielt. Als »Park im Park« ist er heute Teil von Leverkusens Grüner Lunge. Laien genießen die Blütenpracht von Kamelien, Rhododendren und Pfingstrosen, Kenner sehen die Komposition und Symbolik der Steine, Brücken, Wasserfälle und Wandelgänge. Wasser und Bäume stehen für das Leben, Brücken für die Verbindung zweier Welten, unbehauene Trittsteine im Wasser verlangen bewusstes Durchschreiten.

Japanischer Garten im Carl-Duisberg-Park · April–Okt. 9–20 Uhr, Sa/So 9.30–20 Uhr, Nov.– März 9–16.30 Uhr, Sa/So 9.30–17 Uhr · Kaiser-Wilhelm-Allee · 51373 Leverkusen · Haltestelle Chempark-Kasino, Bus 201, 255 ab Leverkusen-Mitte, Haltestelle Chempark Löwe, Bus 250 ab Köln-Hbf

Bilderbuchmuseum Burg Wissem

Die Kleine Raupe Nimmersatt, der Räuber Hotzenplotz und der Grüffelo – sie waren und sind Kindheitsbegleiter und haben Bilder im Kopf hinterlassen. In der Burg Wissem sind die Originalzeichnungen zu Bilderbuchklassikern von Janosch bis Helme Heine zu sehen – reichlich Gelegenheit zum Schmökern inbegriffen.

Gibt es einen malerischeren Ort für ein Bilderbuchmuseum als eine Wasserburg aus dem 15. Jahrhundert, bei deren Anblick es sich von Rittern, Gespenstern, Prinzessinnen und Drachen träumen lässt? Hinter den Mauern ist alles versammelt, was kindliche Lesewut und Fantasie früher und heute beflügelte. Dabei ist es noch nicht lange her, dass die Originalzeichnungen zu Bilderbüchern in Verlagsarchiven vergilbten oder verloren gingen, während sich das Buch zum Bestseller entwickelte. Diese Erfahrung machte auch der Troisdorfer Sammler und Unternehmer Wilhelm Alsleben, der mit viel Spürsinn Originalzeichnungen, Bilderbücher und Künstlerbriefe zusammentrug, die er 1982 der Stadt Troisdorf für ein eigenes Museum schenkte. Seitdem wuchs die Sammlung in der Burg Wissem durch Schenkungen und Leihgaben kontinuierlich.

Wissenschaftlern zeigt der Bestand historischer Kinder- und Bilderbücher aus sechs Jahrhunderten von Prof. Dr. Theodor Brüggemann, wie unsere Vorfahren Kinder zu unterhalten, zu bilden und zu erziehen versuchten. Aus der Sammlung von Elisabeth und Richard Waldmann erfahren Besucher, dass Rotkäppchen, das deutscheste aller Märchen, in Wirklichkeit erstmals in Frankreich aufgezeichnet wurde. Horst Eckert, besser bekannt als Janosch, überließ dem Museum 1999 die Originale seiner Bilderbuchillustrationen als Dauerleihgabe.

Hauptadressaten sind und bleiben jedoch junge Leser: Im Turm lockt die Schmökerstube, kleinere Kinder toben sich im Spielzimmer aus.

▶ **Im Westflügel der Burg befindet sich ein Besucherportal zum Naturschutzgebiet Wahner Heide, das nur zwei Kilometer entfernt beginnt.**

Bilderbuchmuseum Burg Wissem · Di–Fr 11–17 Uhr, Sa, So 10–18 Uhr · Burgallee 1 53840 Troisdorf · Tel. 02241/884 14 21 · www.bilderbuchmuseum.de · Bahnhof Troisdorf, S12, von dort Bus 164/501, 507, Haltestelle Römerstraße

91 Troisdorf: Erfahrungsfeld der Sinne

Riechen, tasten, schmecken, hören, sehen – unsere Sinne geben Signale an unser Gehirn, bevor es abstrakte Gedanken fasst. Die Frage nach der Rolle der Sinne für unsere Erkenntnis beschäftigt Philosophen seit Jahrhunderten, der Künstler Hugo Kükelhaus (1900 bis 1984) machte sie in seinen Entwürfen für Jung und Alt fassbar.

Mit dem Wort »Zentrifugalkraft« kann kein Kind etwas anfangen. Aber wenn es die Handkurbel einer mit Wasser gefüllten Glasstele betätigt und sieht, wie das Rührwerk einen spiralförmigen Strudel erzeugt, bei dem das Wasser an den Außenwänden hochsteigt und sich nach unten ein Sogtrichter bildet, bekommt das Wort einen Sinn. Mutige können die Zentrifugalkraft am eigenen Körper erleben, wenn sie sich im Park rund um die Burg Wissem auf die Pirouette stellen und um die eigene Achse drehen lassen. Wofür ist der eigenartige Stein mit der kopfgroßen Einbuchtung? Wer den Kopf hineinsteckt und summt, spürt, wie sein ganzer Körper anfängt zu vibrieren. Etwas mehr Überwindung kostet es, die Hand in die Taststele zu stecken: Rund oder eckig, glatt oder rau? Wozu sind die drei Metalltrichter am Waldweg gut? Einfach hineinsprechen – und schon können sich drei Personen völlig ohne Handy etwas erzählen.

▶ Die Kreativ-Werkstatt Troisdorf bietet geführte Erlebnisrundgänge durch das »Erfahrungsfeld der Sinne« an. Informationen unter Tel. 02241/97 84 32.

Es sind einfachste Sinneserfahrungen, die Kükelhaus die Menschen durch seine Geräte spüren lassen wollte, und gerade dies macht ihre Anziehungskraft aus. Nicht nur Kinder probieren begeistert aus, auch Erwachsene genießen es, wieder einmal Kind sein zu dürfen. Dabei sind es letztlich komplexe naturwissenschaftliche Phänomene, die alle Benutzer dabei am eigenen Leib spüren. Neben den von Kükelhaus entworfenen Geräten sind im Park Kunstwerke verstreut, die seine Ideen aufgreifen: Der Sinnbaum von Tor Michael Sönksen ist etwas für Mutige und Gelenkige.

Sinnespfad an der Burg Wissem · Burgallee 1 · 53840 Troisdorf · Bahnhof Troisdorf, S 12, von dort Bus 164/501, 507, Haltestelle Römerstraße

Stadtmuseum Siegburg – wo Hexen singen

92

Siegburg? Irgendwas zwischen Köln und Bonn? Wer einige Stationen mit der S-Bahn fährt, kommt in eine Kleinstadt, die noch heute stolz auf ihren größten Sohn ist. Der Fußballer Wolfgang Overath? Der auch, aber aus Siegburg stammt auch Engelbert Humperdinck (1854–1921), der Komponist der Oper Hänsel und Gretel.

Sie tragen Jeans und Turnschuhe und wirklich verängstigt sehen sie auch nicht aus. Eher wirken sie neugierig und skeptisch. Dass sie in einem Wald sein könnten, deuten nur einige schwarze Blätter an. Aber hinter ihnen hebt sich vor einem dunkelblauen Nachthimmel die bedrohliche schwarze Silhouette der Hexe ab.

Ein eindringliches Bild wählte der Ausstellungsdesigner, um an Humperdinck und sein bekanntestes Werk zu erinnern. Die Musik, die erklingt, wenn man die Audiopräsentation betätigt, führt mitten hinein in das Werk, dessen Musik eigentlich so wenig kindgerecht ist, das aber für viele Kinder die erste Bekanntschaft mit der Welt der Oper ist. Die Audiopräsentation informiert auch über die Hintergründe der Entstehung der Oper, die den Komponisten über Nacht berühmt machte.

Um dem Museum einen Besuch abzustatten, muss man kein großer Opernliebhaber sein: Das Siegburger Stadtmuseum vermittelt anschauliche Lokalgeschichte ohne Vitrinen und Heimatmuseumsmief: Ein ehemaliger Kiosk erinnert an die Wirtschaftswunderzeit. An das grausige Schicksal »echter« Hexen gemahnt der Hexenkeller, mittelalterliche Kellergewölbe, über denen im 19. Jahrhundert das Rathaus errichtet wurde. Dieses wurde später als Gymnasium genutzt und war auch das Geburtshaus von Humperdinck, dessen Vater dort Lehrer war. Es ist wahrscheinlich, dass der berüchtigte Hexenkommissar Franz Buirmann hier noch im 17. Jahrhundert sein Unwesen trieb.

▶ **Wer mehr über echte Hexen erfahren will, kann unter www.peter-wendland.de eine Nachtführung im Stadtmuseum unter dem Titel »Hexendämmerung« buchen.**

Stadtmuseum Siegburg · Di–Sa 10–17 Uhr, Sa, So 10–18 Uhr · Markt 46 · 53721 Siegburg
Tel. 02241/557 33

93

Kran-Café und Fähre Hitdorf

Ausflugslokale gibt es jede Menge entlang des Rheinuferwegs von Leverkusen Richtung Norden. Das kleinste, das zugleich als Industriedenkmal an die Vergangenheit erinnert, ist das Kran-Café. Hier genießen nicht nur Ausflügler die romantische Aussicht auf den Rhein, auch Anwohner finden sich im Biergarten.

Kehrt man in Köln-Langel der Skyline von Chorweiler und den Ford-Werken den Rücken zu und schippert mit der Fähre über den Rhein ins gegenüberliegende Hitdorf, lädt eigentlich bereits ein Biergarten zum Verweilen ein. Aber sobald die knallblaue Silhouette des Krans auftaucht, weiß man, dass es sich lohnt, noch einige Hundert Meter Richtung Norden zu radeln oder zu laufen. Hier gibt es weder eine Gourmetkarte noch frisch Gezapftes, dafür die winzigste Gaststube Leverkusens und, dank Kühlschrank, 20 Sorten Flaschenbier, Alkoholfreies mitgezählt. Wenn das Wetter mit-

spielt, ziehen viele Gäste den Biergarten mit Hafenblick der Gaststube vor.

Der Kran, der das Mini-Café beherbergt, ist ebenso wie der Hitdorfer Hafen ein Überbleibsel aus der Zeit, als sich hier noch ein Warenumschlagplatz für die Versorgung des Bergischen Landes befand. Rund 4500 Kilo konnte der 1928 errichtete sogenannte »Greifer-Drehkran« mit einem Radius von 16 Metern heben, damals ein technisches Glanzstück.

Heute bietet der frühere Hafen Liegeplätze für Privatboote. Dem Kran drohte nach der Stilllegung des Industriehafens der Abriss, was eine Privatinitiative verhinderte, seit 1997 ist er Ausflugslokal, seit 2009 beim Eigentümer des Restaurants Bergischer Hof in festen Händen.

Nicht nur Biker schätzen den Kran mit Biergarten als Treffpunkt. Wer es romantisch mit Rheinblick bevorzugt, kann hier für die oder den Liebste/n ein Candle-Light-Dinner mit Hafenblick buchen.

▶ **Ein weiteres technisches Denkmal ist die alte Schiffsbrücke an der Wuppermündung zwischen Leverkusen-Wiesdorf (Neuland-Park, s. Kapitel 94) und Hitdorf.**

Kran-Café · geöffnet Sa/So ab 11 Uhr, in der Nebensaison nur bei schönem Wetter auch unter der Woche ab 12 Uhr · Rheinstr. 91 · 51371 Leverkusen-Hitdorf · Tel. 02173/101 34 34
www.kran-cafe.de

Der Neuland-Park in Leverkusen

94

Auch auf Altlasten-Deponien kann noch Lebenswertes entstehen. Wo die Bayer AG in den 1920er- bis in die 1940er-Jahre Bauschutt und Chemieabfall einlagerte, entstand nach Sicherungsmaßnahmen ein Naherholungsgebiet mit weitläufigen Spielplätzen, Kunstwerken und Gastronomie, das überregional Besucher anzieht.

Es war ein schmerzhafter Prozess, als in den Achtzigerjahren herauskam, dass die Altlasten, die auf dem Gelände zwischen Rhein und A1 lagerten, dringend gesichert werden mussten, um Erdreich und Grundwasser nicht zu verunreinigen. Wohnhäuser wurden abgerissen und Menschen umgesiedelt, die Abdichtung dauerte von 1995 bis 2000. 2005 fand die Landesgartenschau auf dem sanierten Gelände statt, danach beschloss der dazugehörige Förderverein, die Gartenschau-Attraktionen zu erhalten. 2006 folgte die Neueröffnung als Neuland-Park.

Wer einen idyllischen Park mit jahrhundertealtem Baumbestand und englischem Rasen erwartet, wird hier zwangsläufig enttäuscht. Kinder stört dies keine Minute lang, denn sie können sich hier auf mehreren großen Spielplätzen, einer Skaterbahn und zwölf über den Park verteilten Spielstationen austoben. Windharfen und ein Windharmonium, ein Wasserspielplatz und ein Solarkarussell machen die Natur spielerisch erfahrbar. Die Eltern holen sich unterdessen in Themengärten, vom Feng-Shui-Garten über den Wildbienen-Garten bis zum Garten des Lebens, Anregungen für das heimische Grün. Dazu gehört auch ein in den Stadtfarben »run un wiess« bepflanzter Köln-Garten. Das indisch inspirierte Holi-Festival zieht im Frühling junges Publikum an, Familien pilgern im Winter zum Nordischen Weihnachtsmarkt. Architekturfans erfreuen sich an der eleganten, 160 Meter langen Konstruktion der Neuland-Brücke über die Rheinallee. Die Sparkassen-Arena bietet Raum für kleinere Veranstaltungen.

▶ **In der Strandbar Sun Island (Rheinallee 7) den Sonnenuntergang bei einem Cocktail genießen.**

Neuland-Park Leverkusen · 6–18 Uhr (Winter) und 6–22 Uhr (1. April–15. Okt.) · Nobelstraße 91
51373 Leverkusen · Www.neuland-park.de · Haltestelle Albert-Einstein-Straße,
Bus 210, 211, 233 ab Bahnhof Leverkusen-Mitte

95 Neue Kunst vor Naturkulisse – Schloss Morsbroich

Ein Senioren- oder Kinderheim wollte Leverkusen in der Nachkriegszeit in dem beschädigten Rokokoschloss einrichten. Glücklicherweise gab es damals noch streitbare FDP-Politikerinnen. Die Kunstfreundin, Stadträtin und Verlegersgattin Bertha Middelhauve setzte damals ein Museum für zeitgenössische Kunst durch.

Wer heute zwischen den Torhäuschen auf das Schlösschen zuschlendert, dankt Bertha Middelhauve ihre Durchsetzungsfähigkeit. Allein die Fontäne des Künstlers Jeppe Hein namens »Water Island« sorgt bereits dafür, dass das Rondell immer belebt ist. Während die Kinder die Fontäne erkunden und im Wasserkäfig manchmal sogar trocken bleiben, lassen sich Brautpaare vor der Schlossfassade ablichten. Dezent erinnert vor dem linken Seitenflügel eine Glas- und Spiegelinstallation daran, was uns unsere Augen vorgaukeln können.

▶ Das Industriemuseum Freudenthaler Sensenhammer (Freudenthal 68) als Kontrastprogramm ist zu Fuß oder mit dem Rad an der Dhünn entlang erreichbar.

Auch das Innere gehört der Sorte Kunst, die in der Nachkriegszeit erst einmal ein Nischendasein fristen musste. Literaturfans erinnern sich vielleicht daran, wie die im benachbarten Monheim aufgewachsene Autorin Ulla Hahn, Jahrgang 1945, in ihrem autobiografischen Roman *Aufbruch* die Irritation schildert, die sie als Schülerin im Schloss Morsbroich angesichts von Lucio Fontanas aufgeschlitzten Leinwänden empfand. Kinetische Kunst, Monochromes von Yves Klein, Mobiles von Alexander Calder – was in der Aufbruchsstimmung der Sechzigerjahre Rang und Namen hatte, aber noch kaum Galeristen oder Museen fand, ist hier zu Hause. Zeitgenössisches ist durch Werke von Pia Fries, David Rabinowitsch und Sherry Levine vertreten. Der als englischer Landschaftsgarten gestaltete Park bildet das Kontrastprogramm. Konkurrenz für die Skulpturen bilden drei alte, imposante Baumriesen, zu denen der Zugang abgesperrt ist. Sie sind altersschwach, werden aber nicht gefällt, sondern dürfen natürlich absterben.

Städtisches Museum Schloss Morsbroich · Di, Mi, Fr–So 11–17, Do 11–21 Uhr (außer feiertags) Gustav-Heinemann-Straße 80 · 51377 Leverkusen · www.museum-morsbroich.de · Haltestelle Museum Morsbroich, Bus 212 ab Bahnhof Leverkusen-Mitte, Haltestelle Museum/Karl-Carstens-Ring

Das Keramion – von Bartmannkrug bis Bauhaus

96

Welche Gründe gibt es, nach Frechen zu fahren? Das Keramion, eine Museumsstiftung, hervorgegangen aus einem städtischen Museum und der Privatsammlung des Fabrikanten Dr. Gottfried Cremer, bietet ungewöhnliche Architektur und zeigt die Bandbreite eines Kunsthandwerks, das oft als Hausfrauenkreativität belächelt wird.

Im Frechener Gewerbegebiet zwischen Baumarkt und Gartencenter sticht das Haus in Gestalt einer stilisierten Töpferscheibe sofort hervor. Der helle, leichte, beinahe schwebende Eindruck, hervorgerufen durch die Glaswände, setzt sich im Inneren fort. Im lichtdurchfluteten, in Weiß gehaltenen Innenraum sind die Prunkstücke der Privatsammlung des Steinzeugherstellers Dr. Gottfried Cremer in wechselnder Auswahl zu sehen. Sein Geld verdiente Cremer mit Industriekeramik wie Rohren, privat pflegte er seine Kunstliebe und Sammlertätigkeit. In Frechen, seit Jahrhunderten ein Zentrum der Herstellung von Steinzeug und Irdenware, lag es nahe, moderne keramische Unikate zu sammeln, für deren Ausstellung Cremer 1971 das Keramion errichten ließ.

Vasen, Dosen, Teller, Schalen und Kleinplastiken, bunt oder dezent, sachlich oder verschnörkelt – Beispiele für alles, was seit 1945 in deutschen Brennöfen entstand, sind im Erdgeschoss und Teilen des Untergeschosses zu sehen, größtenteils ohne schützende Vitrinen. Die künstlerische Vielfalt setzt sich im Skulpturengarten fort. Ein Teil des Untergeschosses zeigt die Sammlung des ehemals städtischen Keramikmuseums Frechen, das 2002 mit Cremers Sammlung zur »Stiftung Keramion« verschmolz.

▶ **Mehr über Frechen und seine Keramiktradition erfährt man, wenn man auf dem Keramikweg durch das Städtchen schlendert. Ein Plan ist im Museum erhältlich.**

Wen die Lust packt, selber zu kneten, zu matschen und zu formen, der hat dazu seit 2012 in einem kongenialen Neubau für die Museumspädagogik Gelegenheit: Namhafte Keramiker geben hier Kurse.

Stiftung Keramion · Di–Fr, So 10–17 Uhr, Sa 14–17 Uhr · Bonnstraße 12 · 50226 Frechen
Tel. 02234/69 76 90 · www.keramion.de · Haltestelle Frechen Bahnhof, KVB-Bahn 7

97 Mahnmal mit wechselndem Innenleben

Wie lockt man die Stars der internationalen Kunstszene von New York nach Pulheim-Stommeln? Wie macht man ein Gebäude zu einem lebendigen Mahnmal, ohne in Betroffenheitsstarre zu verfallen? Im Falle der ehemaligen Synagoge Stommeln genügten dafür ein Kulturdezernent mit Visionen und ein Ort mit Geschichte.

Zu Zeiten seiner Errichtung 1882 zeugte der schlichte, neoromanische Backsteinbau vom aktiven jüdischen Leben in den rheinischen Dörfern, aber auch vom überwiegend nachbarschaftlichen Miteinander jüdischer und christlicher Rheinländer. Allerdings herrschte nach dem Ersten Weltkrieg Landflucht unter der jüdischen Bevölkerung, auch die jüdische Gemeinde Stommeln hatte sich bereits vor 1933 aufgelöst und die Synagoge aufgegeben. 1937 erwarb ein Landwirt das Gebäude. Als Stall und Lagerraum überstand es die Nazizeit. 1979 erwachte das Interesse an der Geschichte wieder und die Stadt Pulheim erwarb den Bau. Seit 1981 fanden dort Kulturveranstaltungen statt. Gedenkabende, besinnliche Lesungen und Konzerte fesselten das Publikum jedoch nicht auf Dauer. Der damalige Kulturdezernent Gerhard Dornseifer war es, der das Risiko wagte, ein Kunstprojekt zu etablieren und international renommierte Künstler dafür einzuladen – und sie kamen.

▶ **Im Hofladen von Kartoffelhof Henseler direkt gegenüber (Hauptstraße 76) gibt es frisches Gemüse und draußen frei laufende Hühner.**

Seit 1991 bekommt der Raum jährlich ein neues Innenleben. Künstler, von Jannis Kounellis bis Rosemarie Trockel, schufen ihre Installationen speziell für den Raum. Mischa Kuball installierte eine gleißende Lichtinstallation, die die Aufmerksamkeit auf das versteckt liegende Gebäude lenkte, und durch die Blendung gleichzeitig abschreckte. Rebecca Horn ließ eine meterlange Nadel Zeichen in eine quadratische Wasserfläche auf dem Boden schreiben, Rosemarie Trockel griff in einer Wandinstallation das Muster der Bodenfliesen auf.

Synagoge Stommeln · geöffnet zu Ausstellungen oder auf Anfrage · Hauptstraße (hinter Haus Nr. 85) · 50259 Pulheim-Stommeln Tel. 02238/80 81 88, 02238/80 81 89 oder 2238/80 81 94
www.synagoge-stommeln.de · Bahnhof Stommeln, RE 8, RB 27

Sütterlinschrift (ca 1920 bis 1941)

Unterricht wie zu Kaisers Zeiten

98

Projektwoche, Streitschlichter-AG, Inklusion und Lernsoftware statt Schiefertafeln, Griffelkratzen und Schönschreiben – viel hat sich im Schulalltag in den letzten 100 Jahren geändert. Dank der Sammelleidenschaft eines ehemaligen Schulrats zeigt das Schulmuseum Bergisch Gladbach diesen Wandel von Kaisers Zeiten bis heute.

Wenn Rose-Karla Frewer im Klassenzimmer erscheint, ist Haltung angesagt. Jungen und Mädchen sitzen getrennt und aufrecht in ihren Bänken, Schwatzen und Kichern ist tabu, geschrieben wird auf Schiefertafeln, und die Buchstaben müssen gestochen scharf sein. Wenn Grundschulklassen am Unterricht wie zu Kaisers Zeiten teilnehmen, ist ihre Reaktion »zwischen interessiert und belustigt«, weiß die ehemalige Lehrerin. Aber nicht nur für Schulklassen gibt es im Gebäude der ehemaligen Volksschule Katterbach jede Menge zu entdecken: Das Wohnzimmer der ehemaligen Lehrerwohnung enthält Dokumente zur Ausbildung der Volksschullehrer, ein klassischer Aufstiegsberuf für begabte Jungen aus armen Familien.

Alte Lehrmittel, zum Beispiel ein Steckbrett für Geschichtsdaten, zeigen die Kreativität der Lehrer, wenn es darum ging, Daten und Fakten in die Kinderköpfe zu kriegen. Die alten Schulwandbilder haben ihre Faszination bis heute nicht verloren: Vom Tabakanbau in Kolonien bis zur NS-Rassenideologie dokumentieren sie Unterrichts- und Zeitgeschichte. Der gute alte Ledertornister war für viele Kinder ein unerschwinglicher Luxus, stattdessen schleppten viele Kinder Schiefertafel und Griffel in Holzkästen über ihren Schulweg. Eine Sammlung alter Fibeln zeigt auch hier, wie eng verbunden die Schule immer mit dem Zeitgeschehen war: Kinder tragen je nach Epoche Matrosenanzug oder HJ-Uniformen, die Texte stehen in Sütterlinschrift oder Deutscher Schreibschrift, in Fraktur oder Antiqua, je nach Zeitgeist.

► **Eine gute Ergänzung ist das etwa fünf Kilometer entfernt liegende Kindergartenmuseum (Quirlsberg 1), geöffnet Di 10–13 Uhr, Tel. 02202/24 36 40.**

Schulmuseum Bergisch Gladbach Sammlung Cüppers · Mo–Fr 10–13 Uhr · jeden 1. So im Monat 14.18 Uhr · Kempener Straße 187 · 51467 Bergisch Gladbach · Tel. 02202/842 47
Haltestelle Katterbach · Bus 222 und 227 ab Bergisch Gladbach Bahnhof

99 Die Bruder-Klaus-Feldkapelle in Mechernich

Als das Landwirtsehepaar Hermann-Josef und Trudel Scheidtweiler den Heiligen Nikolaus von Flüe ehren wollte, hätten sie auch einen lokalen Architekten mit einem gewöhnlichen Feld-Wald-und-Wiesen-Kapellchen beauftragen können. Stattdessen klopften sie beim Stararchitekten Peter Zumthor an.

Ist der Betonturm auf der Voreifelwiese ein alter Bunker oder ein eigenwillig geformtes Getreidesilo? Nur das Kreuz in der Wand, die umlaufende Bank und eine dreieckige Tür passen nicht zu einem Zweckbau. Leichte Konsumierbarkeit war nicht das Ziel: Einen rund 1,3 Kilometer langen Fußweg, nicht high-heel-tauglich, müssen Besucher zurücklegen, bis sie der Innenraum ohne künstliche Lichtquelle umfängt. Von außen kompakt, sind die Wände innen zerfurcht: Die Furchen sind die Abdrücke von 112 Baumstämmen, die beim Bau eine zeltähnliche Holzkonstruktion bildeten, die den feuchten Beton stützte. Nach wochenlangem Härten und Ausräuchern des Betons mit einem Köhlerfeuer entfernte man die Holzstützen durch das Oberlicht. Auch die Bodenpfütze ist gewollt: Licht, Luft und Regen finden ihren Weg in die Kapelle, deren Zinn-Blei-Boden an den Mechernicher Bleibergbau erinnert. Das Sonnenlicht fällt auch durch Glaspfropfen in den Wänden ein. Sie verschließen Öffnungen, durch die beim Bau die inneren und äußeren Holzverschalungen verbunden waren. Erde, Luft, Wasser und Feuer, Licht und Schatten sind so vereint – wie im richtigen Leben. »Dankbarkeit für ein gutes Leben« war zu guter Letzt ein weiteres Stiftungsmotiv der Scheidtweilers. An den Schutzpatron der katholischen Landjugendbewegung, der das Stifterehepaar angehört, erinnern statt Heiligenbildchen eine Stele und ein Messingrad.

▶ **Nikolaus von Flüe oder »Bruder Klaus« verzehrte laut Legende in seinen letzten 19 Lebensjahren nur die Eucharistie. Irdischen Hunger stillt »Das Kunstwerk« Galerie & Café im Nachbardorf Antweiler (www.daskunst-werk.de).**

Bruder-Klaus-Kapelle · Di–So 10–17 Uhr (Sommerzeit), 10–16 Uhr (Winterzeit) · Mo geschlossen außer an kirchlichen Feiertagen · Iversheimer Straße (Besucherparkplatz) · 53894 Mechernich-Wachendorf · Tel. 02256/71 27 (Anmeldung für Gruppen über 10 Personen) · Rollstuhlparkplatz am Rißdorfer Weg · www.feldkapelle.de · Bahnhof Satzvey, RE 12, 22, RB 2

Register

Essen und Trinken

Einkaufen

Freizeit und Familie

Natur

Kunst und Kultur

Entspannung

Überraschendes

Verantwortlich: Ulrich Jahn, Marianne Rösler
Redaktion: Annette Rose
Layout: graphitecture book & edition, Fabienne Lutz
Korrektur: Anke Höhne
Umschlag: Karin Vollmer
Repro: Repro Ludwig
Kartografie: Huber Kartografie, Heike Block
Herstellung: Bettina Schippel
Printed in Slovenia by Korotan Ljubljana

★★★★★

Sind Sie mit diesem Titel zufrieden? Dann würden wir uns über Ihre Weiterempfehlung freuen.
Erzählen Sie es im Freundeskreis, berichten Sie Ihrem Buchhändler, oder bewerten Sie bei Onlinekauf.
Und wenn Sie Kritik, Korrekturen Aktualisierungen haben, freuen wir uns über Ihre Nachricht an Bruckmann Verlag, Postfach 40 02 09, D-80702 München oder per E-Mail an lektorat@verlagshaus.de.

Unser komplettes Programm finden Sie unter www.bruckmann.de

Alle Angaben dieses Werkes wurden vom Autor sorgfältig recherchiert und auf den aktuellen Stand gebracht sowie vom Verlag geprüft. Für die Richtigkeit der Angaben kann jedoch keine Haftung übernommen werden.

Bildnachweis: Alle Bilder des Umschlags und des Innenteils stammen von Annette von Czarnowski, außer: Kunsthochschule für Medien Köln: 27, Dombauhütte Köln / M. Bräker: 36; v v g-koeln: 40u.; SK Stiftung Kultur Tanzmuseum: 47o.; Susanne Fern, Köln: 47u.; Dr. Rolf Hollerbach: 75; Monika Nonnenmacher: 80; KölnKongress GmbH: 117o.; Shutterstock (stockfoto): 124 u.; picture alliance / dpa: 132, 133; Frank Erler: 142; Ralf Berndt/GAG Wohnungsbaugesellschaft: 146; Martin Stahl: 160; Museum Burg Wissem: 170u.

Die Deutsche Nationalbibliothek verzeichnet diese Publikation in der Deutschen Nationalbibliografie; detaillierte bibliografische Daten sind im Internet über http://dnb.d-nb.de abrufbar.

ISBN 978-3-7654-6977-0